十二五现代远程教育法学专业系列教材

律 师 法 学

主　编 ◎ 刘宇平

副主编 ◎ 李明辉

撰稿人 ◎（以撰写章节先后为序）

　　　　刘宇平　李明辉　李会勋

　　　　郭文胜　张　倩　郭勇智

　　　　王泽禄　刘广林

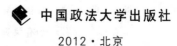

中国政法大学出版社

2012·北京

图书在版编目（CIP）数据

律师法学 / 刘宇平主编. —北京：中国政法大学出版社，2012.8

ISBN 978-7-5620-4440-6

Ⅰ．律... Ⅱ．刘... Ⅲ．律师法-法的理论-中国-教材　　Ⅳ.D926.5

中国版本图书馆CIP数据核字(2012)第173464号

书　　　名	律师法学　LÜSHI FAXUE	
出版发行	中国政法大学出版社	
经　　销	全国各地新华书店	
承　　印	北京华正印刷有限公司	

720mm×960mm　　16开本　　12.75印张　　215千字

2012年8月第1版　　2012年8月第1次印刷

ISBN 978-7-5620-4440-6/D·4400

印　数：0 001-4 000　　定　价：25.00元

社　　址	北京市海淀区西土城路25号
电　　话	(010)58908435(教材编辑部)　58908325(发行部)　58908334(邮购部)
通信地址	北京100088信箱8034分箱　邮政编码 100088
电子信箱	fada.jc@sohu.com(教材编辑部)
网　　址	http://www.cuplpress.com　(网络实名：中国政法大学出版社)

十二五现代远程教育法学专业系列教材

总顾问

李昌麒　　我国著名经济法学家、法学教育家
　　　　　西南政法大学教授、博士生导师
　　　　　西南大学法学院名誉院长

总主编

张新民　　西南大学法学院院长、教授、博士生导师
尹晓东　　西南大学党委研究生工作部部长、博士

副总主编

张步文　　西南大学法学院副院长、博士、教授、硕士生导师
赵云芬　　西南大学法学院教授、博士、硕士生导师

出版说明

人类迈进 21 世纪，全球性的科技革命正在越来越深刻的影响人类的生活、工作和学习方式，教育领域当然也不例外。随着计算机网络、信息和教育技术的飞速发展，现代远程教育作为一种新型的教育形式，它以其鲜明的时代特色、充满希望的生命力正在逐渐成为我国高等教育和继续教育不可缺少的组成部分。

现代远程教育突破了时间、空间的限制，为一切具有学习热情、学习能力的人敞开了接受教育的大门。学校变得没有了围墙，因此，极大地拓展了教育空间，充分体现了终身教育的先进教育理念，适应了学习化社会里人们个性化学习、多样化学习的需要。与传统的教育形式不同，远程教育以开发教学产品、通过媒介传输的手段来达到教学目的，创造了教与学过程相对分离的模式，在教育过程、教育方式和教育理念上产生了巨大的变革。高等院校的优秀教育资源冲破校园围墙的限制，让更多的学习者共享，具有开放性、交互性、共享性、协作性、自主性等特点。通过构造现代远程教育的"学习环境"，提供学生自主构建知识的空间，帮助人们随时随地的学习，实现学生个体与群体的融合，从而满足人们在校园外接受高等教育的愿望。

作为教育部首批批准举办现代远程教育的高校之一，十多年来，西南大学根据现代远程教育中教与学、成人学生工作与学习矛盾突出等的特点，深入研究、不断实践，在教学方式、授课特点、教学内容、教学过程、技术手段、管理机制等方面实行一系列改革，构建了具有自己特色的现代远程教育体系。同时，对现代远程教育的理论基础也进行了系统、全面的归纳和总结，并以此为基础，结合现代远程教育的实践，构建和提出了现代远程教育的学习模式、管理模式、学习支持服务体系、质量保证体系和质量评价方法等。

经历了十几年的光阴，现代远程教育由萌芽到现在的蓬勃发展，我们也积累了不少经验。为了帮助广大接受现代远程教育的学生顺利实现由传统学习观念和方法，向远程学习观念和方法的转变，我院特地组织了多年来在网络教育一线的老师有针对性的编写了专门使用于现代远程教育学生的教材。本套教材力求图文并茂、深入浅出，贴近远程学习者的需求，切实解决他们在学习中遇到的困难。

该套教材在机构设计上，以学习者为中心，把课程中最基本的内容提炼整理出来，以"学习单元"的形式安排学习。每一章的开始就把本章的学习目的、学习要求、重点难点、知识要点等内容，便于学习者合理制定自己的学习计划。对于难点重点，给出了提示"注意"，引导学习者对抽象复杂的问题加深理解。一般教材都是在各章节后给出大量的复习思考题，本系列教材只是在每个"学习单元"后给出适度、适量的问题让学习者来检验自己对基本问题的掌握情况。

在该系列教材的编写过程中，我们打破传统章节式的设置，内容注重知识的基础性、先进性和实用性，体现了现代远程教育的特色，本教材具有以下特色：

第一，简明扼要、重点突出，且改变了传统教材以文字叙述为主的编写形式。考虑到现代远程教育大部分学员多为在职工作者，因此，在对内容细致梳理的基础上，在保证知识体系完整、内容准确无误的前提下，文字表述尽量做到简明扼要，并通过多种"教学模块"将学习单元的重点展示出来，并且将一个完整、系统的学习单元的学习时间控制在 30 分钟左右，以便于自学。

第二，学以致用、活学活用，以多样化的模块单元展示学习内容，浅显易懂。法律是一个实用性、操作性极强的课程。在教材的编写过程中，尽量采用"案例分析模式"、"主题讨论模式"、"虚拟审判模式"、"主题讨论模式"等方式，突出教材的适用性和实用性，以提高学员独立思考和分析问题、解决问题的能力。

第三，图文并茂、通俗易懂。通过形式多样的结构图将学习单元中的重点展示出来，另外采用表格形式对概念或制度区分或总结，从而使教材内容脉络清晰、易于理解；在内容中有意识地增加了"考考你"、"注意"、"思考"、"小结"、"小窍门"等形式，便于学员记忆掌握，使学习者能跟随教材的提问、提示重点、学习小窍门、自测等方式达到自助学习的目的。

　　第四，温故而知新，注重对学生知识的巩固和能力的培养。学习单元后面附有习题和答案，另外根据每个学习单元内容的不同附有"联系实际"、"讨论交流"、"知识延伸"等形式，也有助于教师实现互动教学。

十二五现代远程教育法学专业系列教材编委会
2012 年 6 月

编写说明

　　律师法学，是以律师法及律师执业活动为研究对象的法律学科。作为独立的法律学科，律师法学以国家机关颁布的有关律师执业活动的法律规范为首要的研究对象，但是，我们不应当将律师法学的研究对象仅局限于国家机关颁布的有关律师执业活动的法律规范，律师执业活动具有广泛性和实践性，在律师执业过程中，往往会涉及到广泛的法律问题，以及经济学、心理学甚至技术科学的运用，因此，只有联系律师的法律实践活动，律师法学才具有真正的生命力；只有联系律师的法律实践活动，我们才能真正理解律师制度产生与发展的社会条件和实际意义，才能不断地研究和解决律师执业过程中产生的新情况和新问题。

　　学习律师法学，不仅要了解和掌握我国现行的国家机关颁布的有关律师执业活动的法律规范，还应当开阔视野，了解西方主要国家的律师制度，通过比较研究，我们可以学习和借鉴西方主要国家律师制度的优点，以促进我国律师制度的发展与完善。

　　本教材的编写分工如下：刘宇平（西南大学），绪论、第一章；李明辉（西南大学），第二章；李会勋（山东科技大学），第三章；郭文胜（西南政法大学），第四章；张倩（西南大学育才学院），第五章、第六章、第七章；郭勇智（重庆均睿律师事务所），第八章；王泽禄（西南政法大学）第九章；刘广林（商丘师范学院），第十章。

　　本教材的编写由刘宇平统稿并审稿、定稿，但限于作者的认识水平和实践能力，书中缺漏不当之处在所难免，敬请批评指正。

编者

2012 年 6 月

目 录

绪　论

一、律师法学的概念和研究对象

律师法学，是以律师法及律师执业活动为研究对象的法律学科。作为独立的法律学科，律师法学有区别于其他法律学科的专门的研究对象，具体包括以下内容：

1. 律师法。律师法，是国家机关制定的，有关律师执业活动的法律规范的总称。在我国，第八届全国人大常务委员会第十九次会议于 1996 年 5 月 15 日通过的、第十届全国人大常务委员会第三十次会议于 2007 年 10 月 28 日修订的《中华人民共和国律师法》，是我国第一部律师法典。该法共七章 60 条，分别规定了总则、律师执业许可、律师事务所、律师的业务和权利义务、律师协会、法律责任、附则。此外，有关国家机关还制定了大量有关律师执业活动的行政法规、行政规章，例如司法部颁布的《律师执业管理办法》、《律师执业证管理办法》、《律师事务所管理办法》等。上述国家机关颁布的有关律师执业活动的法律规范是律师法学首要的研究对象。

2. 律师制度的历史。律师制度是一项历史悠久的法律制度，西方早在公元前 5 世纪奴隶制的罗马共和国时期，就有了律师制度的雏形，即"保护人制度"。公元前 450 年的古罗马著名的法律《十二铜表法》中就有有关辩护士活动的记载。在我国历史上，1912 年 9 月 16 日，中华民国政府颁布实行《律师暂行章程》，标志着律师制度在中国的正式建立。研究律师法学，就应当研究律师制度的产生与发展，研究律师制度在司法体系中的地位与作用，研究律师执业活动对社会生活的影响。通过对律师制度历史的研究，学习和借鉴他人的经验，总结历史教训，必将有利于完善我国的律师制度。

3. 律师的职业道德和执业纪律。律师职业道德，是指执业律师在执业过程中，所应遵循的道德规范，是社会公众评价执业律师行为的客观标准，体现了执业律师的职业形象和职业声誉。律师执业纪律，是指执业律师在执业

过程中所应遵守的具体行为准则。律师职业道德是确立律师执业纪律的依据，律师执业纪律则是实现律师职业道德的具体手段，是律师职业道德的具体化，二者相互渗透融合，相辅相成，共同对执业律师的执业活动进行约束和引导。因此，如何提高执业律师的职业素质，培养执业律师的职业精神，从而树立良好的律师职业形象和声誉，无疑应当成为律师法学研究的重点内容。

4. 律师的执业活动。律师法学除了将律师法、律师制度的历史、律师的职业道德和执业纪律作为自己的研究对象以外，还将律师的执业活动作为研究的主要内容。律师法学研究的主要材料来源于律师的执业活动，没有律师的法律实践活动，就没有律师法学。因此，律师法学应当将律师的法律实践活动作为自己的主要研究对象，对律师的法律实践活动进行分析研究和梳理，总结经验，并进行理论概括，促进律师制度的健康发展。

二、律师法学的研究方法

1. 注释研究方法。律师法学以国家机关颁布的有关律师执业活动的法律规范为首要的研究对象，因此，有必要对有关律师执业的法律、行政法规、行政规章进行认真、详细的研究和梳理，并通过对有关法律条文用词、用语的分析和研究，使我们准确理解和阐述法律条文的内在精神和含义。

2. 综合研究方法。综合研究方法要求我们对律师法学的学习和研究，不应当仅仅局限于国家机关颁布的有关律师执业活动的法律规范，而应当拓宽视野，综合运用各学科的知识和研究方法。律师执业活动具有实践性和广泛性，在律师执业过程中，往往会涉及到经济学、心理学甚至技术科学的运用。同时，律师执业活动不仅仅受到有关律师法律规范的约束，还受到民法、刑法、行政法、诉讼法等有关实体法和程序法的约束。因此，研究律师法学，应当结合其他学科和其他部门法学的知识和研究方法，融会贯通，综合分析。

3. 比较研究方法。比较研究的目的不仅在于开阔视野，更在于借鉴和完善。比较研究方法可以分为纵向和横向的比较研究。纵向比较研究，是指将历史上的律师制度和律师执业活动进行分析研究，探索其发展规律，总结经验和历史教训。所谓横向比较研究，是指对不同国家、地区的律师制度和律师执业活动进行比较分析，探讨其普遍的规律和差异。通过比较研究方法，我们可以学习和借鉴古今中外律师制度的优点和长处，促进我国律师制度的发展与完善。

4. 理论联系实际与实证研究方法。尽管律师法学将律师法、律师制度的历史、律师的职业道德和执业纪律作为自己的研究对象，但是，律师法学仍然属于应用法学，律师执业活动是律师法学研究的主要内容。因此，只有联系律师的法律实践活动，律师法学才具有真正的生命力，只有联系律师的法律实践活动，我们才能真正理解律师制度产生与发展的社会条件和实际意义，才能不断地研究和解决律师执业过程中产生的新情况和新问题。

实证研究方法要求我们重视律师执业活动中的典型案例，通过典型案例分析，提高我们对法律规范内在精神的认识和理解，从而发现问题，研究问题，总结经验和教训，丰富和完善我国的律师制度。

三、律师法学的体系

根据不同的标准，我们可以将律师法学的体系进行多种划分，例如就知识范围而言，律师法学可以划分为中国律师法学和外国律师法学；就律师法学本体而言，律师法学可以划分为基础理论和应用理论两个部分。

本教材对律师法学的介绍和阐述分为以下两个部分：

第一部分研究和阐述了律师制度的基础理论，包括律师制度的概念和意义、律师的性质与任务、律师制度的历史、律师资格与律师执业、律师执业基本原则、律师管理体制与律师执业机构、执业律师的权利与义务、执业律师的职业道德、执业纪律与法律责任。

第二部分研究和阐述了律师的法律实践活动，包括执业律师在刑事诉讼中的辩护与代理、执业律师在民事诉讼与行政诉讼中的代理、执业律师参与非诉讼法律事务及担任法律顾问、执业律师参与法律援助及咨询与代书。

第一章

律师制度概述

学习单元一　律师制度的概念与意义，律师的性质与任务

一、学习目的和要求

正确认识律师制度存在的必要性，明确律师的性质与任务。

二、学习重点和难点

正确认识律师制度的意义，准确理解与掌握律师的性质与任务。

学习本单元要注意的是，律师虽然是自由职业者，应当维护当事人的合法权益，但同时，律师更应当维护法律的正确实施，维护社会的公平和正义。

学习内容

一、律师制度的概念

律师制度，是国家法律制度的重要组成部分，是国家法律规定的有关律师资格、律师性质、任务、业务范围、权利与义务、执业原则与执业纪律、律师管理体制以及对律师的各项法律事务进行规范的法律制度的总称。

二、律师制度的意义

律师制度是国家法律制度的重要组成部分，现代民主法治国家都设立律师制度，律师制度的意义在于：

（一）律师制度是民主、法治的体现与保障

律师制度体现了我国社会主义民主与法治的基本精神，是我国社会主义现代化建设及社会进步的重要保障。加强社会主义民主与法治建设，不仅要依靠公、检、法机关的公职人员，而且要依靠全体执业律师的共同努力，通

过执业律师的各项执业活动，维护社会主义法治的权威与尊严，促进社会主义民主与法治的发展与完善。

（二）律师制度有利于促进司法公正

司法公正是我国司法改革的核心课题，律师制度的建立和完善有利于促进司法公正的实现。执业律师通过各项执业活动，在诉讼中维护当事人的合法权利，有利于促进诉讼程序的改革与完善，促进司法裁判的科学性、合理性与正当性，从而使司法裁判更具权威性与稳定性。

（三）律师制度是维护公民、法人及社会组织合法权益的重要保障

维护公民、法人及社会组织的合法权益，不仅需要政府机构与司法机关依法行使权力，而且需要执业律师依法执业。通过执业律师的各项执业活动，为其提供法律咨询、担任法律顾问、参与各项诉讼与非诉讼事务，促进有关机构依法、合法地行使其权力，从而维护公民、法人及社会组织的合法权益。

（四）律师制度有利于提高公民的法律意识，促进和谐社会的建立

执业律师通过各项执业活动，可以预防纠纷的发生，在纠纷发生以后，可以促进纠纷依照法律规定的方式予以解决，从而提高公民的法律意识，维护社会秩序的稳定与和谐。另外，提高公民法律意识，促进和谐社会的建立，不仅需要各级政府机构以及新闻传媒的法制宣传和教育，更需要执业律师在各项具体的法律事务中，通过为当事人提供法律服务，提高公民的法律意识，从而使其自觉地依照法律的规定约束自己的行为，进而维护社会秩序的和谐与稳定。

三、律师的性质

律师的性质，是指律师职业所具有的本质特征，即律师职业区别于其他职业的特有属性。《中华人民共和国律师法》（第十届全国人民代表大会常务委员会第三十次会议于 2007 年 10 月 28 日修订通过，自 2008 年 6 月 1 日起施行）第 2 条规定，本法所称律师，是指依法取得律师执业证书，接受委托或者指定，为当事人提供法律服务的执业人员。律师应当维护当事人合法权益，维护法律正确实施，维护社会公平和正义。本条规定既是对律师所作的法律定义，同时也是对律师性质的法律规定。

律师作为依法取得律师执业证书，接受当事人委托或者指定，为当事人提供法律服务的专业法律工作者，有别于其他官方的法律工作者，其职业的特有属性体现为：

（一）律师是自由职业者

律师有别于其他官方的法律工作者（公、检、法及司法行政机关的工作人员）的一个方面在于，官方的法律工作者行使国家法律赋予的权力，例如侦查人员行使侦查权、检察官行使批捕权与公诉权、法官行使审判权等，而律师进行执业活动，从事法律事务，并不具有行使国家权力的特征，而是凭借个人的法律知识与业务能力进行执业活动。值得注意的是，在某些西方国家，并非所有的律师都是"自由职业者"，某些律师具有国家公职人员身份，专门为政府机构提供法律服务，或者专门为法律规定的弱势人员提供法律援助。

（二）律师执业活动的委托性

律师在执业活动中，并不具有行使国家权力的内容，其与当事人之间是平等的权利义务关系，获得当事人的授权委托，是律师从事具体法律事务的必备条件。但是，在法律明确规定的情况下，律师也可根据法律的指定而从事具体的法律事务，例如根据人民法院的指定，为未成年人担任辩护人。

（三）律师执业活动的有偿性

律师接受当事人的授权委托，为当事人提供各项法律服务，律师提供法律服务应当是有偿的，因而从某种意义上讲，律师受雇于当事人，维护当事人的合法权益，同时获取一定的经济利益。律师执业活动的有偿性体现在两个方面：其一，律师通过执业活动获取一定的经济利益，但经济利益的获取应当符合律师收费的有关规定；其二，通常情况下，律师不得无偿为当事人提供法律服务，否则涉及律师执业活动的不正当竞争。但是，在法律明确规定的情况下，律师应当无偿为有关当事人提供法律援助。

（四）律师执业活动的自律性

律师作为自由职业者，其职业的独立性逐渐加强，因而对律师职业的管理有别于政府的行政管理，它主要依靠律师协会进行自治性管理。另外，律师职业作为自由职业，具有不受官方干预的相对独立性，但是，这并不意味着律师职业不受法律约束，律师从事各项法律事务必须符合法律的规定，在宪法和法律的范围内活动。

法条链接：

《中华人民共和国律师法》

第二条 本法所称律师，是指依法取得律师执业证书，接受委托或者指定，为当事人提供法律服务的执业人员。

律师应当维护当事人合法权益，维护法律正确实施，维护社会公平和正义。

《律师执业管理办法》

第二条　律师是指依法取得律师执业证书，接受委托或者指定，为当事人提供法律服务的执业人员。

四、律师的任务

根据我国《律师法》第2条的规定，我国律师的任务具体表现为：

（一）维护当事人的合法权益

律师接受当事人的授权委托，从事法律事务，应当维护当事人的合法权益。值得注意的是，我国《律师法》重点强调的是，律师应当维护当事人的合法权益，而非当事人的所有利益。另外，律师在执业活动中，不仅要维护当事人合法的实体性权益，亦应维护当事人合法的程序性权益。

（二）维护法律的正确实施

首先，律师执业必须以事实为根据，以法律为准绳，遵守宪法和法律，恪守律师职业道德和执业纪律，在诉讼中，律师不得扰乱法庭秩序、不得干扰诉讼活动的顺利进行；其次，律师通过执业活动，向当事人提供法律服务，配合公、检、法机关以及行政机关查清案件事实，准确地适用法律，正确地处理各种纠纷，从而维护法律的正确实施。

（三）维护社会公平和正义

律师接受当事人的委托授权，依法执行法律事务，其业务具有广泛性，能够维护和促进社会公平和正义。首先，律师参与诉讼，可以维护当事人合法的诉讼权益和实体权益，维护正当程序和法律的正确实施；其次，律师担任法律顾问、从事非诉讼法律事务，可以预防、减少纠纷的发生，另外，律师为社会中的弱势人员提供法律援助，可以使社会中更广泛的公民享受法律服务，化解社会矛盾，促进和谐社会的建立；最后，律师因其执业活动的广泛性、实践性，因而能对法律的制定、修改、废除提出科学、合理的建议和意见，促进法律的进化，促进社会主义法治的进步和完善。

★ **思考题**

1. 简述律师制度存在的必要性及其意义。
2. 如何理解律师职业的自律性？

3. 我国律师的任务具体包括哪些内容？

相关资源

1. 《中华人民共和国律师法》。

2. 《律师执业管理办法》。

3. 顾永忠等："论律师的职业属性"，载《中国司法》2007 年第 4 期。

4. 司莉："律师职业性质与律师制度建构"，载《中国司法》2007 年第 5 期。

5. 夏锦文："法律职业的形成及其条件———一种制度史考察"，载《江海学刊》2008 年第 1 期。

6. 郭春涛："律师性质初论"，载《中国司法》2008 年第 11 期。

7. 侯明、李焕民："我国律师性质之'再审'———以审判程序论为视角"，载《兰州大学学报（社会科学版）》2010 年第 1 期。

8. 黄振中："论新中国律师的性质变化与转型期之定位"，载《法学评论》2010 年第 4 期。

9. 杨培国、孙宇："律师的现实主义、英雄主义和浪漫主义"，载《中国律师》2010 年 11 期。

讨论交流

在我国，律师职业受到诸多的约束和制约，具体如下：①执业律师在执业过程中，要受到与当事人之间签订的委托合同的约束；②执业律师要接受《律师法》及其他法律、行政法规、行政规章的约束；③执业律师是律师协会的会员，要受到律师协会章程及职业道德和执业纪律的约束；④在各类诉讼案件中，执业律师要受到三大诉讼法的严格约束等。

问题

（1）律师职业受到诸多的约束和制约，那么，律师是自由职业者吗？

（2）我们应当如何正确认识律师职业的特有属性？

学习单元二　律师制度的产生与发展、西方主要国家的律师制度

导　学

一、学习目的和要求

了解律师制度产生与发展的历史背景，以及西方主要国家律师制度的基本内容。

二、学习重点和难点

正确理解我国律师制度产生与发展的历史背景，以及西方主要国家律师制度的具体规定。

学习本单元要注意是，由于历史文化传统的差异，西方主要国家的律师制度各具特色，存在诸多不同之处。

学习内容

一、西方律师制度的产生与发展

早在公元前 5 世纪奴隶制的罗马共和国时期，就有了律师制度的雏形，即"保护人制度"。"保护人制度"是指保护人代表被保护人进行诉讼行为，为被保护人提供具体意见和帮助的制度。随着罗马共和国的扩张和商业的发展，一些善于言辞的人士经常替人出席法庭诉讼，被称为"辩护士"，公元前 450 年的古罗马著名的法律《十二铜表法》中就有有关辩护士活动的记载。公元 3 世纪，罗马帝国皇帝以诏令的形式确认了法学家可以从事为平民提供法律咨询的职业，同时容许委托代理人参与诉讼，并可向当事人收取一定的报酬。到罗马帝国的后期，法学家从事法律咨询和代理诉讼的制度逐渐得到规范和完善，为了区别于专门阐释法律、著书立说、从事法律教育的法学家，法律规定，专门从事咨询、代理工作的法学家是"律师"。古罗马著名的政治家、法学家西塞罗在当选罗马执政官之前，就曾两度在罗马担任律师，其流传后世的有《辩护词》17 篇。

公元 5 世纪，日耳曼人入侵西罗马，西罗马帝国覆灭，欧洲大陆进入中世纪封建时代。由于实行以刑讯逼供为主要特征的纠问式诉讼，律师制度失去了赖以生存的社会条件，走向衰落。尽管少数国家保留了律师制度，例如

法国，但是其法律规定只有僧侣才能担任律师职务，在宗教法庭和世俗法庭执行法律事务。在12～13世纪，随着文艺复兴的萌芽，世俗国王权力的扩张和教会势力的下降，僧侣参与世俗法庭诉讼活动被禁止，取而代之的是经过国王挑选，由维护国王利益的人担任律师，这样律师制度才逐渐得以恢复和发展。

中世纪的英国，受罗马法的影响，实行对抗式诉讼模式，诉讼当事人地位平等，并享有一定的诉讼权利，因而，英国的律师制度相对发达。公元14世纪初，英国出现了四大律师学院，即林肯律师学院、格雷律师学院、内殿律师学院和中殿律师学院，其后至17世纪前半期，律师学院的教育职能已经可以与牛津大学相提并论。

17世纪以来，资本主义生产关系在欧洲封建制社会中萌芽和发展，资产阶级的启蒙思想家反对封建制的司法专制，提出并提倡自由、民主、平等、博爱的思想。英国人李尔本在其《人民约法》中提出，被告人有亲自辩护或者请人辩护的权利。意大利刑法学家贝卡利亚在《论犯罪与刑罚》中强烈反对纠问式诉讼模式，认为应当赋予被告人辩护权。此外，英国的洛克、法国的孟德斯鸠、狄德罗等启蒙思想家也提出，废除纠问式诉讼模式，以辩论式诉讼模式取而代之。资产阶级启蒙思想家的上述观点，推动了当时司法观念的进步，促进了律师制度的恢复与发展。在资产阶级掌握国家权力以后，辩论式诉讼模式和被告人有权获得辩护的思想得以贯彻落实。

在资产阶级掌握国家权力以后，各资本主义国家逐渐将律师制度纳入宪法性文件中予以规范，例如，1679年英国《人身保护法》明确规定了辩护原则，诉讼中的被告人有权获得辩护；1791年美国《宪法修正案》第6条规定，被告人在一切刑事诉讼中享有法庭律师为其辩护之协助；1808年法国《拿破仑刑事诉讼法典》开始将辩护和辩论原则以及律师制度规范化、系统化；1878年日本法务省颁行《代言人规则》，1893年正式制定了《律师法》。

二、中国律师制度的产生与发展

中国律师制度始于何时，法学界观点不一。有学者认为我国律师制度始于西周，《周礼》就有"命夫命妇不躬坐狱讼"的记载，此外，《左传》也记载有：僖公二十八年（公元前632年），卫侯与元喧讼，宁武子为辅，鍼庄子为坐，士荣为大夫。其中，"大夫"的职责就是进行辩论。另外，春秋至隋唐，以至明清，民间社会中均存在"讼师"（又称"刀笔吏"），他们为人写诉状，打官司，《唐律疏议·斗讼》中记载有：诸为人作词碟，加增其状，不如所告者，笞五十；若加增罪重，减诬告一等。清朝《福惠全书·刑名立状式》中记载：凡原告状准发房，被告必由房抄状……被告抄状入手，乃请刀笔讼师，又照原词破调，聘应敌之虚情，压先攻之劲势。尽管中国历代社会中均存在为人写诉状、打官司的"讼师"，但是，"讼师"并不具备专门的法律知识，更非法律专家，国家法律对此职业一直不予认可或严加限制，因而，"讼师"仅是文笔功夫尚可，凭识文断字的文化优势谋生而已，难以形成正式的、国家法律认可的职业。

中国历代社会长期处于皇权专制状态，重农抑商，商品经济并不发达；在法律制度上，重刑轻民，私法不昌；民间纠纷的解决多因耻讼而通过宗族内部的礼教予以解决，即使民间纠纷诉于官府，也因司法与行政不分，而采纠问式诉讼模式予以裁决。上述因素的结合，导致我国历代社会并无律师制度存在和发展的社会环境，因而不可能孕育出律师制度。

1843 年，清朝与英国签订《中英五口通商附粘善后条约》，随后，共有19 个国家通过不平等条约在中国取得领事裁判权。领事裁判权的具体内容包括，享有领事裁判权国家在中国的公民，无论居住在租借内、外，如果成为民事或刑事被告，都不受中国司法机关管辖，而由各国在租借内建立领事裁判法庭依据其本国法律进行审判。随着领事裁判权的扩张，租借内纯粹中国人之间的案件也由领事裁判法庭管辖。领事裁判权的存在导致西方各国实施的律师制度进入中国，客观上对中国社会认识西方的司法制度、律师制度起到了一定的推动作用。

1903 年，清末修律大臣沈家本、伍廷芳在起草的《刑事、民事诉讼法草案》中规定了律师制度，在对《刑事、民事诉讼法草案》进行说明的奏折中，重点对律师制度的设立进行了解释：律师，一名代言人。日本谓之辩护士。盖人因讼对簿公堂，惶悚之下，言语每多失措，故用律师代理一切质问、对诘、复问事宜。各国俱以法律学堂毕业者，给以文凭，充补是职。若遇重大案件，则由国家发于律师。贫民或由救助会派律师，代申权利，不取报酬，补助于公私之交，实非浅鲜。

1910 年，清朝徐谦、许世英出使欧洲各国，考察司法制度，在《考察司法制度报告书》中重点提及律师制度：一律师制度也，欧美虽法派不同，要使两造各有律师。无力用律师者，法庭得助以国家之律师。盖世界法理日精，诉讼法之手续尤繁，断非常人所能周知。故以律师辩护，而后司法官不能以法律欺两造之无知。

1911 年，辛亥革命推翻清朝政府，清末修律大臣沈家本、伍廷芳起草的《刑事、民事诉讼法草案》及其他有关法律未能颁行。1912 年，中华民国司法总长王宠惠在参议院第五次会议中提出建立律师制度，并认为：近今学说以辩护士为司法上三联之一，既可以牵制法官而不致意为出入，且可代人诉讼辩白是非，其用意深且远亦。

1912 年 9 月 16 日，中华民国政府颁布实行《律师暂行章程》，标志着律师制度在中国的正式建立。

北洋政府时期，北洋政府先后颁布《律师暂行章程》、《律师登录暂行章程》、《律师惩戒会暂行规则》、《律师甄别章程》等法律。由于各种原因，上述法律并未能完全实施，但律师从业人员却逐步壮大。

蒋介石国民政府时期，其基本上继承了北洋政府时期的律师制度，自 1927 年起，先后颁布《律师章程》、《律师法》、《律师法实施细则》、《律师登录规则》、《惩戒规则》、《律师检核办法》等法律，使律师制度进一步规范化、法制化。

1949 年，中华人民共和国的建立使中国社会进入了崭新的历史发展时期，废除了《六法全书》和旧的司法制度，1950 年，中央人民政府司法部发布了《关于取缔黑律师及讼棍事件的通知》，明令取缔旧的律师制度，解散旧的律师组织，停止黑律师的执业活动。同年，中央人民政府政务院发布的《人民法院通则》中规定，应保障被告人有辩护和请人辩护的权利。1954 年，中央人民政府司法部发布了《关于试验法院组织制度中几个问题的通知》，指定北京、天津、上海、重庆等地先行试办法律顾问处，以便通过试点，在全国推行律师制度。1956 年司法部向国务院提出《关于建立律师工作的请示报告》，建议通过立法，建立律师制度，并于 1957 年上半年起草了《律师暂行条例（草案）》。

1957 年整风反右运动的扩大化致使新中国的律师制度夭折。随后的十年文化大革命，律师制度与公、检、法机关一起被彻底砸烂，冤、假、错案层出不穷，许多律师成为专政的对象，律师制度荡然无存。

1978 年，党的十一届三中全会确立了改革开放的总路线，同年，第五届全国人大通过了《中华人民共和国宪法》，重新恢复了辩护制度。1980 年，第五届全国人大第十五次会议通过并颁布了《中华人民共和国律师暂行条例》，正式确立了律师制度。

随着改革开放的进一步深入，1996 年第八届全国人大第十九次会议通过了《中华人民共和国律师法》，总结了 16 年来律师工作的成就与经验，明确规定了律师的性质、律师执业的基本原则、律师资格和执业证书、律师执业机构、律师的权利与义务、律师协会、法律援助、律师惩戒以及律师的法律责任。

随着时代的发展和社会的进步，2001 年第九届全国人大第二十五次会议，2007 年第十届全国人大第三十次会议分别对《中华人民共和国律师法》进行了修改与完善，进一步规范和发展了律师制度，对加强社会主义民主和法治建设，维护改革开放和经济建设的发展，逐步实现和谐社会，具有十分重要的意义。

法条链接：

《中华人民共和国律师法》

第一条　为了完善律师制度，规范律师执业行为，保障律师依法执业，发挥律师在社会主义法制建设中的作用，制定本法。

三、英国的律师制度

英国律师制度源远流长，独具特色。英国的判例法传统导致英国并没有一部系统的律师法，有关律师制度的相关法律规定，分散于宪法性文件、判例法以及其他单行法中。

英国律师制度的最大特征在于二元制的律师制度，即律师分为出庭律师（Barrister）和事务律师（Solicitor）。

出庭律师，也称高级律师，是精通法律的专家，因而享有很高的社会地位。出庭律师经济上收入丰厚，并且是法官和重要司法官员的来源，同时，出庭律师独占高等法院的辩护权。根据英国律师制度的有关规定，出庭律师不得接触委托人，必须通过事务律师承接案件，并且出庭律师被禁止广告宣传。在英国，取得出庭律师资格必须具备以下条件：①具有大学文凭，并获准在任何一个律师学院入学；②在自己所属的律师学院按照规定参加规定次数的晚餐会；③通过自己所属律师学院的律师资格考试；④在英国国内执行律师职务者必须进行 1 年的"实务学习"。

事务律师，也称初级律师，可以直接接受当事人的委托，在下级法院执行律师职务以及其他非诉讼法律事务。在英国，事务律师资格的取得必须具备以下条件：①具有大学文凭，若无大学文凭，则必须参加"事务律师协会"定期举办的法学讲座，并取得优异成绩；②通过事务律师协会举行的律师资格考试；③在执业 5 年的事务律师指导下实习 2 年。

最近几十年，社会要求改革二元制的律师制度的呼声高涨。改革者认为，首先，二元制的律师制度提高了诉讼费用，因为一个当事人必须同时负担事务律师和出庭律师的费用，从而加重了当事人的经济负担；其次，二元制律师制度导致诉讼效率的降低，因为同一个案件需要两类律师先后参与，从而造成工作上不必要的重复；最后，二元制律师制度带来律师执业的不平等，出庭律师垄断法庭辩护，使许多具有辩护才能的事务律师无法出庭辩护，这既是对社会资源的巨大浪费，也不利于律师执业的公平竞争。

1969 年，事务律师协会要求大法官授予事务律师在高等刑事法院出庭辩护的权利，这一要求在 1972 年得到大法官的部分同意。此后，事务律师获得了有限范围内的出庭辩护权，即如果案件是由治安法院预审、由高等刑事法院判决，事务律师可以在高等刑事法院出庭辩护。在以后的近 20 年内，事务律师协会为打破二元制的律师制度进行着不懈努力，但在出庭律师协会的抵制下收效甚微。

1990 年，英国议会通过了《法院和法律服务法》，该法规定，①出庭律师可以直接接触某些当事人，并可以与当事人直接订立法律服务合同；②合格的事务律师可以被任命为高级法院的法官；③允许一切"合格"的律师在所有法院出庭辩护，而不一定必须是出庭律师；④允许出庭律师和事务律师之间建立合伙关系。该项法律初步打破了两类律师在业务分工上的隔绝状态，但在行为规范、职业培训、资格审查等管理事务上，两类律师仍然分别由各自的律师协会负责。

1999 年，英国议会颁布《接近正义法》，该法规定，大法官在取得议会同意的条件下，可以改变那些不恰当地限制出庭辩护权的规则。另外，该法案授予出庭律师完全的庭审前的诉讼准备权利，包括会见当事人、证人和核实证据等权利，但前提是出庭律师必须经过必要的培训，并在事务律师协会进行注册。

从整体上讲，英国律师制度的改革与发展，降低了诉讼费用，提高了司法效率，促进了两类律师之间的相互交流和流动，因而颇受社会各界的肯定和欢迎。

四、美国的律师制度

美国律师制度源于英国，并极为发达。由于美国是联邦制国家，并实行判例法，所以在联邦与各州的法律中没有一部统一的律师法，有关律师制度的相关法规与判例，散见于宪法、判例法以及律师协会制订的《律师守则》。

在美国，律师具有较高的社会地位，原因在于以下几点：①美国实行判例法，法律制度与体系非常复杂，人们处理社会生活的各种问题，都需要获得律师的法律意见，另外，政府机构、公司企业、社会团体作出各项决策，也需要在考虑律师的法律意见后才能作出决定；②律师的经济收入相对较高；③律师资格与律师职业是个人发展与晋升的重要途径，迄今为止，美国有20多位总统出身于律师，国会中有60%以上的议员曾执行过律师职务，法官、检察官一般都从具有律师资格的人中选任。

由于美国律师的社会地位较高，取得律师资格的条件相对严格，虽然各州的具体规定不同，但总体上讲应具备以下几个条件：

第一，美国对取得律师资格的国籍要求，因各州法律规定不一而要求不同。例如，美国德克萨斯州规定，只有本州公民才能参加本州组织的律师资格考试。但是，也有少数州规定，在本州居住2个月或6个月以上的外国人或具有永久居留权的外国人也可参加律师资格考试。

第二，品行良好的人格或品格，经过品行调查证明没有劣迹。

第三，法学院毕业并获得文凭。

第四，必须通过州的律师资格考试。在美国，律师资格考试由各州最高法院任命的人员组成的考试委员会负责，考试通过后，由考试委员会颁发律师资格证书。此外，在一个州取得律师资格，只能在该州从事律师职业，并不等于可以在其他州从事律师职业。

美国律师的任职情况，大体可以分为三种：政府机关雇佣的律师、公司企业雇佣的律师和在律师事务所执业的律师。前两种律师是政府或公司企业的雇员，他们仅处理受雇的政府机关、公司企业的法律事务。后者是在社会上执行律师职务，为公民、公司企业、社会团体等提供法律服务，又称"执业律师"。美国执业律师的执业形式有三种：

第一，个人执业。即执业律师单独执行律师业务，其业务主要是与家庭有关的各种法律事务，例如遗嘱、遗产管理、离婚、税务、医疗、房地产转让等事务。

第二，联合经营事务所。即由两名以上的执业律师共同办公，分担办公费用，但法律事务上仍各自对委托人负责的律师执业形式。

第三，合伙经营律师事务所。即由4~5名以上的执业律师合伙设立律师事务所，共同管理和经营，从事律师事务。

美国律师协会是美国的律师组织，被称为"法律界"的代言人，创办有

《美国律师协会月刊》。美国各州也有律师协会，美国律师协会和各州的律师协会之间并没有隶属关系。在美国，律师协会的功能与作用体现在以下几点：

第一，制定《律师守则》，对律师进行道德和纪律教育，维护律师界的声誉。

第二，组织律师进修和研究法律，促进法律的发展，改善司法水平。

第三，促进成员间的专业交流和情感交流。

五、德国的律师制度

德国律师制度相对发达，律师作为自由职业者，是"独立的司法机构"。任何公民要想成为律师，必须首先取得律师资格。根据德国律师法的规定，取得律师资格，首先要取得法官资格，而法官资格，是指作为法官、检察官、律师、公证人、高级行政官员必须具备的条件。

在德国，取得法官资格，必须通过两次国家考试，首先，具备德国国籍，并在德国大学接受正规法律本科教育的毕业生才可申请参加第一次国家考试。考试通过后，考生须在民事法院、刑事法院、检察院、地方政府部门、律师事务所等机构进行 2 年的实习；其次，实习结束后才可参加第二次国家考试，考试通过后即取得法官资格。取得这一资格的人可以成为法官，也可以从事其他法律职业。总体上讲，要取得法官任职资格必须接受正规的法律本科教育，完成两次国家考试，并进行实习，整个过程长达 6 年时间。

在德国，律师执业具有广泛性，律师可以担任公民、公司企业的法律顾问，也可从事各项诉讼法律事务。律师从事诉讼事务，在民事案件中，一般情况下可以在州法庭、州高等法院和联邦法院代理诉讼；在刑事案件中，任何律师都可在联邦地区内的任何法庭上出庭辩护。但是，根据法律的规定，律师在受理民事案件时，只能到授予他出庭许可的法院出庭参与诉讼。该项规则的目的在于促进律师在全国的均衡分布，同时也有利于建立律师和法院之间的信任与合作关系。

在德国，存在两种律师协会，即联邦律师协会和州高等法院管辖的地区律师协会。律师协会的主要任务是：①向协会成员提供咨询和指导；②根据申请调解协会成员间的纠纷；③监督协会成员履行义务，并可进行训诫；④向地区仲裁法院和州仲裁法院推荐仲裁员；⑤向联邦律师协会推荐陪审员和联邦律师；⑥向司法考试委员会推荐律师成员；⑦培训实习律师，并促进律师间交流与合作。

六、法国的律师制度

法国的律师制度历史悠久，是大陆法系国家的典型代表。传统的法国律师制度受罗马法影响很深，采用二元制律师制度，有律师和代诉人之分。1971 年，随着《关于司法与法律方面专门职业改革法》的实施，法国建立了新的律师制度，将以前的律师、代诉人制度予以合并，将凡是在律师名册上注册并从事法律事务的人员，统称为"律师"。

在法国，取得律师资格必须具有以下条件：

第一，必须是法国公民，但国际条约另有规定的不在此限。例如，与法国签订有司法协助条约国家的公民，可以申请在法国取得律师资格。

第二，必须具有法学本科以上学历并通过两次考试。在法国，第一次考试由律师协会组织，重点考察考生对法学理论知识的掌握程度。考试合格以后，必须在律师协会主办的律师职业培训中心学习 1 年，培训期满后参加第二次考试，内容主要是律师实务和职业道德。通过第二次考试后，可以申请律师资格。

第三，人格或品格条件。律师资格的申请人不能有任何不诚实或违反伦理道德的犯罪记录，也不能被宣告破产。

在法国，律师执业由地方律师协会负责审批，申请人必须向准备加入的地方律师协会提出书面申请，并接受审查，然后申请人必须到上诉法院进行宣誓，宣誓以后，地方律师协会将申请人的名字列入实习律师名录，申请人就可到律师事务所进行为期 2 年的实习，实习结束后，提交实习证明和实习报告，如果符合条件，则颁发执业许可证。法国的律师由律师协会负责管理，并且根据法庭的辖区设立各个地方律师协会，行使法律赋予的各项管理职责。在法国，律师协会理事会为全体会员大会的常设机构，行使会员大会的职责。理事由全体会员从执业律师中直接选举产生，任期为 3 年，每年改选 1/3 理事。在法国，根据律师法，律师协会负责律师纪律惩戒。惩戒措施主要有：警告、严重警告、暂停执业 7 日至 3 年、直接停止执业、吊销律师资格。律师惩戒的法律依据为律师协会制定的律师行为规范，具体的惩戒程序为：①立案。律师协会的调查委员会接到投诉后，了解情况，决定是否立案。如果决定立案，应准备有关材料和证据，移交律师纪律委员会。②审理。审理由律师纪律委员会负责，审理期间，被投诉律师可以进行辩护，也可聘请其他律师为其辩护。③上诉。被惩戒律师不服的，可以向当地上诉法院提起诉讼。上诉法院的检察长认为处罚不当的，也可以提起诉讼。

法国为确保律师职业的基本素质，实行律师进修制度，规定专业教育由律师职业培训中心负责，律师职业培训中心设置在各上诉法院，由法官、律师和大学共同管理，经费由国家统一划拨和保障，律师职业培训中心主要从事以下教育培训事务：为取得律师执业证书的申请人进行教育培训；对实习律师进行教育培训；以及对执业律师继续进行法律教育培训。

七、日本的律师制度

日本《律师法》第 1 条将律师的使命确定为"维护基本的人权，实现社会的正义"，基于这样的使命，日本律师有着广泛的业务范围，从而努力维护基本人权并实现社会的正义，因此，日本的律师制度在整个日本的司法制度中具有重要的地位和作用。

在日本，符合以下条件和情况的，可以获得律师资格：

第一，通过国家司法考试。司法考试每年举行一次。司法考试分为第一次考试和第二次考试。第一次考试目的在于测试应试者是否具有成为法官、检察官、律师的基础教育水准，凡是接受过大学四年制教育，在大学期间选修过基础教育科目的应试者，均可免试。第二次考试包括三个阶段的考试，即选择式考试、论文式考试和口试，每个阶段实行淘汰制。在日本，每年司法考试的参加人数约有 2 万多人，最后合格的只有 1000 人左右，录取率不到 3%。

通过司法考试以后，合格者必须到隶属于最高法院的司法研修所进行一年半的学习，毕业前夕，参加毕业考试。考试合格后，实行职业的双向选择，其中大部分合格者从事律师职业，并通过其所在的地方律师协会向日本律师联合会提出申请登记。

第二，在日本，下列人员可以通过特别法律规定取得律师资格：①曾任最高法院的法官；②司法考试合格后，曾任简易法院的法官、检察官、法院事务官、法院调查官、法务事务官、司法研修所及裁判所书记官，以及众议院或参议院的法制局参事及在内阁法制局参事室任职 5 年以上的人；③在法律另行规定的大学、研究生院担任 5 年以上法律学科的教授或副教授职务的人员。

第三，通过司法考试后，合格者在企业或其他部门从事法律工作 7 年以上，在律师协会实习 3 个月后，可以授予律师资格；通过司法考试，当过国会议员、副检事、特任检事 5 年以上的合格者，可以直接取得律师资格。

第四，对已取得律师资格的人，如有下列情形之一的，取消律师资格：

①被判处拘留以上刑罚者；②被罢免的法官；③被除名的律师、会计师、税务师，被免职的公务员，在受到处分的 3 年内不能取得律师资格；④无行为能力的人；⑤被宣告破产的人。

日本律师是独立的自由职业者，律师的管理由日本律师联合会与所属的地方律师协会实行自治的管理制度，律师联合会与律师协会行使对律师事务所的指导、联络、监督职责，律师设立律师事务所必须在其所属的律师协会管辖的区域内，并向所属的律师协会及律师联合会申报登记。

日本律师联合会和地方律师协会拥有高度的自治权，其主要职能是：①律师资格的审查和登记；②对律师与地方律师协会进行指导、联络和监督；③制定行业自律规则，负责对律师的惩戒；④协调律师执业纠纷；⑤举办律师的福利事业；⑥编辑出版律师刊物，制定律师培训计划，提高律师的道德和业务素质；⑦参与国家立法，参与司法改革活动，对国家机关提出的建议和询问作出答复等。

★ **思考题**

1. 我国律师制度是何时建立的？
2. 英国律师制度有何特点？
3. 根据日本律师法的规定，取得律师资格应当具备哪些条件？

相关资源

1. 《中华人民共和国律师法》。
2. 胡瓷红："中国古代'讼师'正名论——以明清时期为例"，载《中共中央党校学报》2011 年第 1 期。
3. 邓建鹏："清朝官代书制度研究"，载《政法论坛》2008 年第 6 期。
4. 宋向宾："《申报》与西方诉讼文化的传播（1872 年~1882 年）"，载《文史博览（理论）》2011 年第 2 期。
5. 邱志红："从'讼师'到'律师'——从翻译看近代中国社会对律师的认知"，载《近代史研究》2011 年第 3 期。
6. 陈武能："'五四'运动的民族主义与我国现代的律师事业"，载《中国律师》2002 年第 5 期。
7. 方达："旧中国的律师及在浙江的活动"，载《法治研究》2011 年第

1 期。

8. 陈同："20 世纪 50 年代我国实行律师制度的短暂过程及其历史思考"，载《史林》2009 年第 4 期。

9. 宁静、王威："中英律师制度比较"，载《广西政法管理干部学院学报》2007 年第 2 期。

10. 魏希楠："两大法系律师制度比较及现实借鉴"，载《宁夏社会科学》2010 年第 1 期。

11. 施鹏鹏："法国律师制度述评"，载《当代法学》2010 年第 6 期。

12. 于霄："社会视野中的德国律师亚文化"，载《兰州学刊》2010 第 7 期。

13. 张海峰："律师对美国司法制度影响探析"，载《辽宁行政学院学报》2011 年第 8 期。

讨论交流

1. 春秋至隋唐，以至明清，民间社会中均存在"讼师"（又称"刀笔吏"），为人写诉状，打官司，《唐律疏议·斗讼》中记载有：诸为人作词牒，加增其状，不如所告者，笞五十；若加增罪重，减诬告一等。清朝《福惠全书·刑名立状式》中记载：凡原告状准发房，被告必由房抄状……被告抄状入手，乃请刀笔讼师，又照原词破调，聘应敌之虚情，压先攻之劲势。

问题

（1）应当如何理解我国历代"讼师"的性质？

（2）我国历代"讼师"与现代律师有何区别？

2. 1903 年，清末修律大臣沈家本、伍廷芳在起草的《刑事、民事诉讼法草案》中规定了律师制度，但未能颁行。1912 年，中华民国司法总长王宠惠在参议院第五次会议中提出建立律师制度，并认为：近今学说以辩护士为司法上三联之一，既可以牵制法官而不致意为出入，且可代人诉讼辩白是非，其用意深且远亦。

问题

（1）我们应当如何理解王宠惠的上述观点？

（2）我们应当如何理解律师制度在司法体系中的地位与作用？

第二章

律师资格与律师执业

学习单元一　律师资格

导　学

一、学习目的和要求

了解与掌握律师资格的取得条件、取得方式及取得程序。

二、学习重点和难点

正确理解律师资格的取得条件，以及律师资格与律师执业相分离的制度。

学习本单元要注意的是，我国实行律师资格与律师执业相分离的制度，取得律师资格并不等于直接可以从事律师事务，取得律师资格的人员必须按规定的程序取得律师执业证书，才能以律师名义从事律师事务，否则，不得以律师名义从事律师事务。

学习内容

一、取得律师资格的条件

律师资格，是公民从事律师职业所必须具备的基本条件，在我国，取得律师资格必须符合下列条件：

（一）国籍条件

申请律师资格的人必须是中华人民共和国公民，并具有完全民事行为能力，年满 18 周岁。另外，允许经过中华人民共和国法律培训的港、澳、台居民参加国家司法资格考试，并取得律师资格。

（二）政治条件

申请律师资格的人，应当拥护中华人民共和国宪法，并享有选举权和被选举权。

（三）通过司法考试或考核

申请律师资格的人应当符合学历条件或经历条件，即必须具备高等院校大学本科以上学历，并通过司法资格考试；或者通过考核取得律师资格，要求具有高等院校本科以上学历，从事法学教学、研究等专业工作，并具有高级职称或者具有同等专业水平。

根据《中华人民共和国高等教育法》第68条的规定，高等院校，是指大学、独立设置的学院和高等专科学校，其中包括高等职业技术学校和成人高等学校。

此外，在实行国家统一司法考试前取得的律师资格证书，在申请律师执业时，与国家统一司法考试合格证书具有同等效力。

（四）品行良好

报考司法资格及申请律师资格的人，必须品行良好。故意犯罪受到刑事处罚的，曾被国家机关开除公职的或者曾被吊销律师执业证、公证员执业证的，参加司法考试有作弊等违纪行为、被处以2年内不得报名参加司法考试、期限未满的，或者终身不得报名参加国家司法考试的人员，不得参加司法考试，即使通过司法考试，也不能申请并取得律师资格。

法条链接：

《国家司法考试实施办法》

第十五条　符合以下条件的人员，可以报名参加国家司法考试：

（一）具有中华人民共和国国籍；

（二）拥护《中华人民共和国宪法》，享有选举权和被选举权；

（三）具有完全民事行为能力；

（四）高等院校法律专业本科毕业或者高等院校非法律专业本科毕业并具有法律专业知识；

（五）品行良好。

第十六条　有下列情形之一的人员，不能报名参加国家司法考试，已经办理报名手续的，报名无效：

（一）因故意犯罪受过刑事处罚的；

（二）曾被国家机关开除公职或者曾被吊销律师执业证、公证员执业证的；

（三）被处以2年内不得报名参加国家司法考试期限未满或者被处以终身

不得报名参加国家司法考试的。

二、取得律师资格的方式和程序

在我国，取得律师资格有两种方式：

（一）考试

即根据最高人民法院、最高人民检察院、司法部 2008 年 8 月 8 日颁布《国家司法考试实施办法》通过考试取得《法律职业资格证书》（最高人民法院、最高人民检察院、司法部在 2001 年 10 月 31 日公布了《国家司法考试实施办法（试行）》，于 2002 年 1 月 1 日实施；最高人民法院、最高人民检察院、司法部在 2008 年 8 月 8 日颁布了《国家司法考试实施办法》，并自发布之日起施行，取代了旧的《国家司法考试实施办法（试行）》）。

根据《国家司法考试实施办法》第 18 条的规定，参加国家司法考试成绩合格，并不具有本办法第 16 条规定情形的人员，可以按照规定程序向司法部申请授予法律职业资格，由司法部颁发《法律职业资格证书》。

（二）考核

根据《律师法》第 8 条的规定，具有高等院校本科以上学历，在法律服务人员紧缺领域从事专业工作满 15 年，具有高级职称或者同等专业水平并具有相应的专业法律知识的人员，申请专职律师执业的，经国务院司法行政部门考核合格，准予执业。具体办法由国务院规定。

考核制度作为考试制度的补充，有利于扩大律师队伍，发展律师事业。司法部 1997 年颁布了《律师资格考核授予办法》，根据该办法第 4 条的规定，拥护中华人民共和国宪法，品行良好，身体健康，年龄在 65 岁以下，具有高等院校法学本科以上学历，被授予律师资格后能够专职从事律师工作的中华人民共和国公民，符合下列条件之一的，可以申请考核授予律师资格：①在高等法律院校（系）或法学研究机构从事法学教育或研究工作的，已取得高级职称的；②具有法学专业硕士以上学位，有 3 年以上法律工作经历或者在律师事务所工作 1 年以上的；③其他具有高级职称或者同等专业水平，可以考核授予律师资格的。

值得注意的是，考核授予律师资格是以律师执业为前提的，而通过考试取得《法律职业资格证书》，可以不具体执行律师事务。

在我国，取得律师资格的程序是，不论以考试或者考核的方式取得律师资格，都必须由本人申请，由省、自治区、直辖市司法厅（局）对申请人的材料进行审查，报司法部，由司法部颁发《法律职业资格证书》或者审批授予律师资格。

法条链接：

《中华人民共和国律师法》

第八条 具有高等院校本科以上学历，在法律服务人员紧缺领域从事专业工作满 15 年，具有高级职称或者同等专业水平并具有相应的专业法律知识的人员，申请专职律师执业的，经国务院司法行政部门考核合格，准予执业。具体办法由国务院规定。

《国家司法考试实施办法》

第十八条 参加国家司法考试成绩合格，并不具有本办法第 16 条规定情形的人员，可以按照规定程序向司法部申请授予法律职业资格，由司法部颁发《法律职业资格证书》。

三、律师资格和律师执业分离制度

律师资格与律师执业分离制度，是指通过国家司法考试，取得《法律职业资格证书》的人员，可以不从事律师职业，或执业律师因正当原因中止执业后，可以继续保留律师资格的制度。

律师资格和律师执业分离制度，是世界各国通行的做法，根据我国《律师法》第 2 条规定，本法所称律师，是指依法取得律师执业证书，接受委托或者指定，为当事人提供法律服务的执业人员。我国《律师法》第 13 条规定，没有取得律师执业证书的人员，不得以律师名义从事法律服务业务；除法律另有规定外，不得从事诉讼代理或者辩护业务。这是我国实行律师资格与律师执业相分离制度的法律依据。该制度的基本内容是：取得律师资格并不等于直接可以从事律师事务，取得律师资格的人员必须按规定的程序取得律师执业证书，才能以律师名义从事律师事务，未经申请取得律师执业证书的，不得以律师名义从事律师事务。

法条链接：

《中华人民共和国律师法》

第十三条 没有取得律师执业证书的人员，不得以律师名义从事法律服务业务；除法律另有规定外，不得从事诉讼代理或者辩护业务。

★ **思考题**

1. 简述我国律师资格的取得条件。

2. 如何理解律师资格与律师执业分离制度？

相关资源

1. 《中华人民共和国律师法》。

2. 《国家司法考试实施办法》。

3. 许冠男："司法考试制度的变迁",载《中国律师》2009 年第 12 期。

4. 李文、周叶婷："中西司法考试制度比较与借鉴分析",载《社科纵横（新理论版）》2010 年第 2 期。

5. 高一飞："法律执业资格的取得：基于教育背景与考试要求的考察",载《学术论坛》2011 第 1 期。

6. 叶芳："德国司法考试制度及启示",载《中国司法》2011 年第 2 期。

7. 马登科："加拿大的法律教育和职业准入",载《学术论坛》2011 年第 5 期。

8. 李昕："司法考试与法学教育关系之再认识——以法律家养成为视角",载《法制与社会》2011 年第 18 期。

讨论交流

1. 西方主要国家一般不允许非法学专业本科毕业生从事律师职业,因为执业律师的法律素质的培养不可能一蹴而就,大学本科阶段非法学专业的学生,其思维方式、知识结构与法学专业的学生相比,存在明显的差异,因而,一般都禁止非法学专业的本科毕业生参加司法资格考试。当然,如果非法学专业的本科毕业生,取得了法学学士、硕士或者博士文凭,则可参加司法考试并取得律师资格。

问题

（1）我国是否应当修改《律师法》、《国家司法考试实施办法》,限制非法学专业毕业生参加司法考试?

（2）法学专业毕业生与非法学专业毕业生,在思维方式上有何不同?

2. 根据我国《律师法》的有关规定,申请律师资格的人必须是中华人民共和国公民,并具有完全民事行为能力,年满 18 周岁。另外,允许经过中华人民共和国法律培训的港、澳、台居民参加国家司法资格考试,并取得律师资格。

问题

我国是否应当修改《律师法》，容许外国籍人参加司法考试，取得律师资格并执业？

3. 根据我国《律师法》的有关规定，报考司法资格考试及申请律师资格的人，必须品行良好。故意犯罪受到刑事处罚的，曾被国家机关开除公职的或者曾被吊销律师执业证、公证员执业证的，参加司法考试有作弊等违纪行为、被处以2年内不得报名参加司法考试、期限未满的，或者终身不得报名参加国家司法考试的人员，不得参加司法考试，即使通过司法考试，也不能申请并取得律师资格。

问题

应当如何理解我国《律师法》规定的，报考司法资格考试及申请律师资格的人，必须品行良好？

4. 张某是某大学法律系副教授。2000年12月其弟在一次纠纷中将对方打成重伤，因张某的辩护，其弟的行为被法院认定为正当防卫，不负刑事责任。因此，张某在当地非常知名，但张某因没有通过司法资格考试，代理案件受到很大限制。于是张某通过当地某律师事务所向他的住所地司法行政机关报送了有关张某申请考核授予律师资格的材料，住所地司法行政机关在收到报送申请材料的15日内提出了审查意见，同意上报省司法厅。省司法厅在收到申请材料的第二个月内对材料进行了审查，经考核同意报司法部审批。

问题

（1）张某作为一名没有律师资格的副教授能否作为其弟的刑事辩护人？

（2）张某是否有资格通过考核办法获得律师资格？授予其律师资格的程序是否合法？

学习单元二 律师执业

 导 学

一、学习目的和要求

了解与掌握律师执业证书的取得条件、取得程序以及律师执业证书的注册和管理。

二、学习重点和难点

律师执业证书的申请程序。

学习本单元要注意的是，我国实行律师执业证书年度注册制度，每年度注册一次，未经注册的无效。年度注册时，执业律师应按规定填写《律师执业证年度注册审核登记表》，还应提交相应的注册材料。

学习内容

一、申请取得律师执业证书的条件

律师执业必须取得律师执业证，而律师执业证是律师从事律师事务的有效证件，是有关机构确认、核定律师身份的法律依据。

（一）申请律师执业证书的条件

根据我国《律师法》第5条、《律师执业管理办法》第6条、第7条的规定，申请律师执业，应当具备下列条件：

1. 拥护中华人民共和国宪法；

2. 通过国家统一司法考试取得法律职业资格证书；

3. 律师事务所实习满1年；

4. 品行良好。

实行国家统一司法考试前取得的律师资格证书，在申请律师执业时，与法律职业资格证书具有同等效力。享受国家统一司法考试有关报名条件、考试合格优惠措施，取得法律职业资格证书的，其申请律师执业的地域限制，按照有关规定办理。申请律师执业的人员，应当按照规定参加律师协会组织的实习活动，并经律师协会考核合格。

申请兼职律师执业的，还应当具备下列条件：①在高等院校、科研机构中从事法学教育、研究工作；②经所在单位同意。

（二）不予颁发律师执业证书的情形

根据我国《律师法》第7条、《律师执业管理办法》第9条的规定，申请人有下列情形之一的，不予颁发律师执业证书：

1. 无民事行为能力或限制民事行为能力的；

2. 受过刑事处罚的，但过失犯罪除外；

3. 被开除公职或被吊销律师执业证书的。

二、申请取得律师执业证书的程序

根据我国《律师法》、《律师执业管理办法》等相关法律、行政法规的有关规定，申请取得律师执业证书必须经过以下程序：

（一）在律师事务所实习

申请领取律师执业证书的人员，应在一个律师事务所连续实习 1 年。实习期满，律师事务所应对实习人员的思想道德、业务能力和工作态度作出鉴定。

（二）向司法行政机关提出申请

根据《律师执业管理办法》第 11 条的规定，申请律师执业，应当向设区的市级或者直辖市的区（县）司法行政机关提交下列材料：

1. 执业申请书；

2. 法律职业资格证书或者律师资格证书；

3. 律师协会出具的申请人实习考核合格的材料；

4. 申请人的身份证明；

5. 律师事务所出具的同意接收申请人的证明。

申请执业许可时，申请人应当如实填报《律师执业申请登记表》。

根据上述规定，实习人员在实习期满后申请领取律师执业证书的，由所在的律师事务所将本人填写的《律师执业证书申请登记表》、《法律职业资格证书》或者《律师资格证书》、律师协会出具的申请人实习考核合格的材料、申请人的身份证明、律师事务所出具的同意接收申请人的证明材料，按照《律师法》第 6 条的规定，报送设区的市级或者直辖市的区（县）级人民政府司法行政部门。申请兼职律师执业的，还应当提交所在单位同意申请人兼职从事律师职业的证明。

根据《律师执业管理办法》第 12 条的规定，申请兼职律师执业，除按照本办法第 11 条的规定提交有关材料外，还应当提交下列材料：①在高等院校、科研机构从事法学教育、研究工作的经历及证明材料；②所在单位同意申请人兼职律师执业的证明。

（三）司法行政机关审核

根据《律师执业管理办法》第 14 条的规定，受理申请的司法行政机关应当自决定受理之日起 20 日内完成对申请材料的审查。在审查过程中，可以征求申请执业地的县级司法行政机关的意见；对于需要调查核实有关情况的，可以要求申请人提供有关的证明材料，也可以委托县级司法行政机关进行核实。经审查，应对申请人是否符合法定条件、提交的材料是否真实齐全出具审查意见，并将审查意见和全部申请材料报送省、自治区、直辖市司法行政机关。

（四）省、自治区、直辖市司法厅（局）批准

根据《律师执业管理办法》第15条的规定，省、自治区、直辖市司法行政部门对符合《律师法》、《律师执业管理办法》规定的条件的，应当自收到申请之日起10日内予以审核，作出是否准予执业的决定。准予执业，应当自决定之日起10日内向申请人颁发律师执业证书；不予颁发律师执业证书，向申请人书面说明理由。

（五）注销律师执业证书

根据《律师执业管理办法》第19条的规定，有下列情形之一的，由作出准予该申请人执业决定的省、自治区、直辖市司法行政机关撤销原准予执业的决定，收回并注销其律师执业证书：①申请人以欺诈、贿赂等不正当手段取得准予执业决定的；②对不符合法定条件的申请人准予执业或者违反法定程序作出准予执业决定的。

根据《律师执业管理办法》第23条的规定，律师有下列情形之一的，由其执业地的原审核颁证机关收回、注销其律师执业证书：

1. 受到吊销律师执业证书处罚的；

2. 原准予执业的决定被依法撤销的；

3. 因本人不再从事律师职业申请注销的；

4. 因与所在律师事务所解除聘用合同或者所在的律师事务所被注销，在6个月内未被其他律师事务所聘用的；

5. 因其他原因终止律师执业的。

因前款第3项、第4项、第5项规定情形被注销律师执业证书的人员，重新申请律师执业的，应按照本办法规定的程序申请律师执业。

（六）复议

根据《律师执业证管理办法》第11条的规定，申请人对不予颁发律师执业证书不服的，可以自收到通知书15日内向上一级司法行政部门申请复议。

法条链接：

《中华人民共和国律师法》

第六条　申请律师执业，应当向设区的市级或者直辖市的区人民政府司法行政部门提出申请，并提交下列材料：

（一）国家统一司法考试合格证书；

（二）律师协会出具的申请人实习考核合格的材料；

（三）申请人的身份证明；

（四）律师事务所出具的同意接收申请人的证明。

申请兼职律师执业的，还应当提交所在单位同意申请人兼职从事律师职业的证明。受理申请的部门应当自受理之日起 20 日内予以审查，并将审查意见和全部申请材料报送省、自治区、直辖市人民政府司法行政部门。省、自治区、直辖市人民政府司法行政部门应当自收到报送材料之日起 10 日内予以审核，作出是否准予执业的决定。准予执业的，向申请人颁发律师执业证书；不准予执业的，向申请人书面说明理由。

《律师执业管理办法》

第十一条 申请律师执业，应当向设区的市级或者直辖市的区（县）司法行政机关提交下列材料：

（一）执业申请书；

（二）法律职业资格证书或者律师资格证书；

（三）律师协会出具的申请人实习考核合格的材料；

（四）申请人的身份证明；

（五）律师事务所出具的同意接收申请人的证明。

申请执业许可时，申请人应当如实填报《律师执业申请登记表》。

三、律师执业证书的注册和管理

（一）年度注册制度

律师执业证书每年度注册一次，未经注册的无效。省、自治区、直辖市司法厅（局）或司法部负责律师执业证书的注册。根据工作需要，也可以委托地、市、州司法局负责本地区律师执业证书注册。注册时间为每年的 3 月 1 日至 5 月 31 日。

（二）注册程序

执业律师办理执业证书年度注册，由其所在的律师事务所向住所地司法行政机关申报注册材料，住所地司法行政机关提出审查意见后，逐级上报至注册机关，办理注册手续。

执业律师除应按规定填写《律师执业证年度注册审核登记表》外，还应提交以下材料：

1. 年度工作总结；

2. 完成业务培训的证明；

3. 遵守律师职业道德和执业纪律规范的情况报告；

4. 律师协会出具的履行章程义务的证明。

对于提交材料不合格的，注册机关应当退回，要求补充材料。符合注册条件的，注册机关应当自收到申请注册材料之日起 15 日内，依照《律师执业证管理办法》办理注册手续。

另外，执业律师有下列情形之一的，注册机关可以暂缓注册，并通知该律师所在的律师事务所：

1. 因违反律师执业纪律受到停业处罚的，处罚期未满的；

2. 所在的律师事务所因违反执业纪律被处以停业整顿，处罚期未满的；

3. 有法律法规规定的暂不能从事律师职业情况的。

暂缓注册的原因消失后，由执业律师本人申请，注册机关核准后，应为其办理注册手续。每年注册结束后，对于准予注册的执业律师，注册机关应在报刊上公告。

（三）律师执业证书的管理

律师执业证书管理的基本内容包括：

1. 律师受停业处罚的，司法行政机关应收回其律师执业证书，于处罚期满后发还；

2. 律师被吊销律师执业证书的，司法行政机关应收缴其律师执业证书予以注销；

3. 律师应妥善保管执业证书，不得出借、出租、抵押、转让、涂改和毁损；

4. 律师执业证书损坏或遗失的，由该执业律师所在的律师事务所向司法行政机关申请换领或补发。律师执业证书损坏的，应交回原律师执业证书；律师执业证书遗失的，应在当地报刊刊登遗失声明。

法条链接：

《律师执业证管理办法》

第十三条　律师办理执业证年度注册，由其所在的律师事务所向住所地司法行政机关申报注册材料，住所地司法行政机关提出审查意见后，逐级上报至注册机关。

办理注册手续，律师除应按规定填写《律师执业证年度注册审核登记表》外，还应当提交下列材料：

（一）年度工作总结；

（二）完成业务培训的证明；

（三）遵守律师职业道德和执业纪律的情况报告；

（四）律师协会出具的履行章程规定义务的证明。

对于提交材料不合格的，注册机关应当退回，要求补充材料。

第十四条　符合注册条件的，注册机关应当自收到申请注册材料之日起15日内，依照本办法办理注册手续。

四、执业律师的种类

（一）专职律师

专职律师，是指通过司法考试或考核，取得律师资格，领取律师执业证书并在律师事务所专职从事律师职业的人员，这是我国执业律师的主体，在我国法律服务工作中承担着主要的法律服务职能。

（二）兼职律师

兼职律师，是指通过司法考试或考核，取得律师资格和执业证书，不脱离本职工作而兼职从事律师职业的人员。

根据《律师法》第12条的规定，高等院校、科研机构中从事法学教育、研究工作的人员，符合本法第5条规定条件的，经所在单位同意，依照本法第6条规定的程序，可以申请兼职律师执业。因此，兼职从事律师职业，必须符合下列条件：

1. 具有律师资格；

2. 所在单位允许兼职从事律师职业；

3. 在律师事务所实习1年；

4. 品行良好；

5. 符合律师执业的其他规定。

申请兼职从事律师职业的人员，应当在拟加入的律师事务所实习1年，应当按照《律师执业证书管理办法》的有关规定申请领取律师执业证书。申请时，除提交《律师执业证书管理办法》规定的材料外，还应当提交以下材料：①与律师事务所签订的"聘用协议"；②所在单位允许其兼职从事律师职业的证明文件。

另外，根据《律师执业管理办法》第12条的规定，申请兼职律师执业，除按照本办法第11条的规定提交有关材料外，还应当提交下列材料：①在高等院校、科研机构从事法学教育、研究工作的经历及证明材料；②所在单位同意申请人兼职律师执业的证明。

值得注意的是，根据我国《律师法》第11条的规定，公务员不得兼任执业律师，并且律师担任各级人民代表大会常务委员会组成人员的，任职期间不得从事诉讼代理或者辩护业务。

★ 思考题

1. 简述我国律师执业证书的取得条件与程序。
2. 简述我国律师执业证书年度注册制度。

相关资源

1. 《中华人民共和国律师法》。
2. 《律师执业管理办法》。
3. 《律师执业证管理办法》。
4. 胡朝新："浅议中外律师实习制度"，载《律师世界》2000 年第 8 期。
5. 刘林策："关于律师实习制度的若干思考"，载《中国司法》2006 年第 11 期。
6. 陈宜："略论实习律师培训制度的完善"，载《中国司法》2007 年第 2 期。
7. 黄永东、詹蔚莹："现行律师准入与退出制度若干问题的思考"，载《中国司法》2007 年第 8 期。
8. 张大海："司法职业共同体视角下的律师执业困境与对策"，载《中州学刊》2010 年第 5 期。

讨论交流

张××在首次申领律师执业证时，提交了以下材料：①律师执业登记表（一式二份）；②法律职业资格证书或律师资格证书复印件；③身份证复印件；④学历证明复印件；⑤户籍证明复印件；⑥张××的实习鉴定材料，包括实习鉴定表和律师助理证复印件；⑦张××与原单位解除工作关系的证明或退休证复印件；⑧张××与律师事务所签订的聘用合同或吸收为合作人的决定；⑨人事档案保管证明，由人事档案保管地人才交流中心出具；⑩品行鉴定意见，包括个人简历、表现及奖惩情况；⑪社会保险金缴纳证明。

问题

张××在申请律师执业证时，提交的上述申请材料是否齐全？

第三章

律师执业的基本原则

学习单元一　遵守宪法和法律；以事实为根据、
以法律为准绳、维护法律正确实施、维护社会公平和正义；
恪守律师职业道德和执业纪律

导　学

一、学习目的和要求
了解和掌握上述律师执业基本原则的具体内容。

二、学习重点和难点
正确理解和掌握上述律师执业基本原则的内涵。

学习本单元要注意的是律师执业的基本原则贯穿律师执业的全部过程，具有高度的原则性、概括性，具有普遍的指导意义，适用于律师执业的各个方面。

学习内容

律师执业的基本原则，是指贯穿律师执业的全部过程，指导律师正确完成律师事务的基本准则和指导思想。

律师执业的基本原则的意义在于以下两点：①律师执业的基本原则贯穿律师执业的全部过程，具有高度的原则性、概括性，适用于律师执业的各个方面；②律师执业的基本原则能够正确、全面地指导律师履行律师职务，维护法律的正确实施，维护社会的公平和正义。

根据《律师法》第 2 条、第 3 条的规定，律师执业的基本原则包括：①遵守宪法和法律；②以事实为根据、以法律为准绳、维护法律正确实施、维护社会公平和正义；③恪守律师职业道德和执业纪律；④应当维护当事人合法权益；⑤接受国家机关、社会和当事人的监督；⑥依法独立执业，受法律保护。

法条链接：

《中华人民共和国律师法》

第二条　本法所称律师，是指依法取得律师执业证书，接受委托或者指定，为当事人提供法律服务的执业人员。

律师应当维护当事人合法权益，维护法律正确实施，维护社会公平和正义。

第三条　律师执业必须遵守宪法和法律，恪守律师职业道德和执业纪律。

律师执业必须以事实为根据，以法律为准绳。

律师执业应当接受国家、社会和当事人的监督。

律师依法执业受法律保护，任何组织和个人不得侵害律师的合法权益。

一、遵守宪法和法律

执业律师在执业过程中应当遵守宪法和法律，具体包括以下内容：

第一，执业律师应当拥护中华人民共和国宪法；

第二，律师资格的取得和律师执业证书的取得应当符合法律、行政法规的相关规定，并依法执业；

第三，律师应当在法律、行政法规规定的范围内从事律师事务，不得超越法律、行政法规规定的业务范围，从事非法执业。

遵守宪法和法律原则，是法律对执业律师从事律师事务的最基本要求。我国的执业律师是依法取得律师资格和律师执业证书，为当事人提供法律服务的法律从业人员，其任务是维护当事人的合法权益、维护法律的正确实施、维护社会公平和正义。因此，只有遵守宪法和法律，执业律师才能真正实现法律赋予的历史使命。

二、以事实为根据、以法律为准绳、维护法律正确实施、维护社会公平和正义

以事实为根据、以法律为准绳、维护法律正确实施、维护社会公平和正义是所有司法机构和法律从业人员处理一切法律问题、法律纠纷所必须遵循的基本原则。

执业律师在执业过程中必须以事实为根据、以法律为准绳。以事实为根据中的"事实"，是指有合法证据证明的事实或者是司法认知确认的事实，因此，以事实为根据的正确的理解应当是以合法证据证明的事实，以及通过法律规定确认的事实为根据，并以此为基础，处理和解决一切法律问题、法律纠纷。以法律为准绳中的"法律"，应当是指现行有效的法律规范，它既包括国内法，也包括我国参加或缔结的国际条约、国际公约的有关规定，因此，以法律为准绳的正确的理解应当是以我国现行有效的国内法，以及我国参加或缔结的国际条约、国际公约为依据，处理和解决一切法律问题、法律纠纷。

执业律师在执业过程中应当维护法律正确实施、维护社会公平和正义，具体体现在以下几点：①执业律师通过执业活动，向执法、司法机关提出正确的法律意见和建议，帮助和促进执法、司法机关正确的适用法律、及时的处理案件，化解社会纠纷；②执业律师可以对执法、司法机关的活动进行监督，对其违法行为可以提出控告、申诉；③执业律师担任各级政府机关的法律顾问，参与决策，代理诉讼，可以促进各级政府机关依法行政；④执业律师担任公司、企业、社会团体等机构的法律顾问，参与管理，代理纠纷的解决，可以促使其依法从事营业行为，从而维护正常的经济秩序；⑤执业律师从事法律援助事务，为社会中的弱势群体提供法律服务，使其能够更好地维护自身的合法权益，从而促进和维护社会公平和正义。

三、恪守律师职业道德和执业纪律

律师职业和其他许多职业一样，在长期的发展过程中，形成了本行业特有的职业道德和执业纪律，执业律师在执业过程中应当恪守律师职业道德和执业纪律。

律师职业道德，是指执业律师在执业过程中应当遵守的道德规范；而律师执业纪律，是指执业律师在执业过程中应当遵守的行为准则，律师执业纪律以律师职业道德为基础，是律师职业道德的具体体现。

1996年10月6日，中华全国律师协会通过并发布的《律师职业道德和执业纪律规范》（并于2001年11月26日进行修订并发布，该规范于发布之日实施），对律师职业道德和执业纪律进行了全面规定，执业律师在执业过程中，只有恪守律师职业道德和执业纪律，才能在社会中树立律师职业的良好形象和声誉，并促进律师职业的健康发展。

法条链接：

《律师职业道德和执业纪律规范》

第四条　律师应当忠于宪法和法律，坚持以事实为根据，以法律为准绳，严格依法执业。

律师应当忠于职守，坚持原则，维护国家法律与社会正义。

第五条　律师应当诚实守信，勤勉尽责，尽职尽责地维护委托人的合法利益。

第六条　律师应当敬业勤业，努力钻研业务，掌握执业所应具备的法律知识和服务技能，不断提高执业水平。

第七条　律师应当珍视和维护律师职业声誉，模范遵守社会公德，注重陶冶品行和职业道德修养。

第八条　律师应当严守国家机密，保守委托人的商业秘密及委托人的隐私。

第九条　律师应当尊重同行，同业互助，公平竞争，共同提高执业水平。

第十条　律师应当自觉履行法律援助义务，为受援人提供法律帮助。

第十一条　律师应当遵守律师协会章程，切实履行会员义务。

第十二条　律师应当积极参加社会公益活动。

★ **思考题**

1. 执业律师在执业过程中应当遵守宪法和法律原则，具体包括哪些内容？

2. 执业律师在执业过程中应当维护法律的正确实施、维护社会公平和正义，具体体现在哪些方面？

3. 简述执业律师在执业过程中恪守律师职业道德和执业纪律的意义。

相关资源

1. 《中华人民共和国律师法》。

2. 《律师职业道德和执业纪律规范》。

3. 贺卫方："律师与司法公正"，载《中国律师》2002 年第 10 期。

4. 张巍："敬畏律师职业　敬畏法律使命"，载《中国律师》2003 年第 9 期。

5. 李瑜青："法治与律师职业的使命"，载《学术界》2005 年第 4 期。

6. 顾永忠："论律师维护社会公平和正义的社会责任"，载《河南社会科学》2008 年第 1 期。

7. 王立华："律师·使命·责任"，载《中国律师》2010 年第 4 期。

讨论交流

职业道德是社会道德的重要组成部分，是指从事一定职业的人们在其特定的工作中所形成的道德观念的总称。

律师职业道德，是指执业律师在执业过程中，所应遵循的道德规范，具体包括律师工作的宗旨、指导思想、道德标准等内容。

律师职业道德反映了律师职业的精髓与实质，具有以下特征：①律师职业道德是社会道德在律师职业中的体现和反映，也是社会公众评价执业律师行为的客观标准；②律师职业道德维护律师的职业形象和职业声誉；③律师职业道德对律师的执业行为具有约束力；④律师职业道德体现了执业律师的意愿和要求，并以国家法律、行政法规、规章的规定和律师行业自治性组织行业规范、章程等形式表现出来；⑤律师职业道德具有强制性和自律性，执业律师必须自觉遵守。

律师执业纪律，是指律师在执业过程中所应遵守的具体行为准则。律师执业纪律是约束执业律师执业行为的重要准则，具有以下特征：①律师执业纪律不仅以行业规则形式出现，而且还以法律、行政法规、规章形式出现；②律师执业纪律一般内容详细、具体，具有很强的操作性；③执业律师违反执业纪律的行为，不仅会受到律师协会实施的律师惩戒，还可能被追究行政、民事或刑事责任；④律师执业纪律约束的是与执业律师执业行为有关的活动，执业律师的其他活动不受其约束。

律师职业道德与律师执业纪律既有联系又有区别，律师职业道德是确立律师执业纪律的依据，律师执业纪律则是实现律师职业道德的具体手段，是律师职业道德的具体化。二者相互渗透融合，相辅相成，共同对执业律师的执业活动进行约束和指导。

问题

（1）律师职业道德和执业纪律是如何产生的，为什么对执业律师具有约束力？

（2）律师职业道德和执业纪律应当是怎样的关系？

学习单元二　应当维护当事人合法权益；接受国家机关、社会和当事人的监督；依法独立执业，受法律保护

☞　导　学

一、学习目的和要求

了解和掌握上述律师执业基本原则的具体内容。

二、学习重点和难点

正确理解和掌握上述律师执业基本原则的内涵。

学习本单元要注意的是，律师执业的基本原则贯穿律师执业的全部过程，具有高度的原则性、概括性，具有普遍的指导意义，适用于律师执业的各个方面。

☞　学习内容

一、应当维护当事人合法权益

执业律师在执业过程中，应当维护当事人的合法权益，具体体现在以下几个方面：

第一，正确区分当事人的合法权益与非法利益。根据法律规定，执业律师在执业过程中，应当维护当事人的合法权益，而非当事人的一切利益，更不能违背法律的有关规定维护当事人的非法利益。

第二，执业律师在执业过程中，维护当事人的合法权益，应当诚实守信，勤勉尽责。律师在维护当事人合法权益的过程中，应当敬业勤业，努力钻研业务，掌握律师执业所应具备的法律知识和服务技能，并不断提高自己的执业水平，以便更好地维护当事人的合法权益。

第三，执业律师在维护当事人合法权益的过程中，应当勇于同一切违法行为做斗争，通过维护当事人的合法权益，实现社会正义和公平。

第四，正确认识执业律师维护当事人的合法权益与维护国家利益的关系。执业律师维护当事人的合法权益与维护国家利益之间并没有本质的冲突，执业律师在执业活动中，依照国家法律的有关规定，维护当事人的合法权益，促进法律的正确实施，实现社会正义和公平，并最终实现和维护国家利益。

二、接受国家机关、社会和当事人的监督

执业律师在执业过程中，应当接受国家机关、社会和当事人的监督，具体体现在以下几点：

第一，执业律师在执业过程中，应当接受国家机关的监督。首先，律师执业应当受到司法行政机关的监督，根据《律师法》的有关规定，执业律师或律师事务所在执业活动中有违反《律师法》的行为时，省、自治区、直辖市人民政府司法行政机关有权给以相应的处罚；其次，律师在执业活动过程中，应当遵守宪法和法律，如果出现严重违法行为，并构成犯罪的，将依法被追究刑事责任；最后，执业律师及律师事务所在执业活动过程中，应当依法纳税，接受税务机关的监督。

第二，执业律师在执业过程中，应当接受社会监督。社会对律师执业的监督是多样的，既有民主党派、社会团体的监督，也有群众组织、新闻媒体的监督等。对于律师执业活动中的违法行为，任何单位或组织都有权向司法行政机关、公安机关和检察机关检举报告。

第三，执业律师在执业过程中，应当接受当事人监督。执业律师接受当事人的委托，为其提供法律服务，维护其合法权益，执业律师应当在其执业活动中诚实守信，勤勉尽责。如果执业律师违反职业道德和执业纪律，当事人有权向执业律师所在的律师事务所、律师协会和司法行政机关提出请求，要求进行处理。此外，根据我国《律师法》第54条的规定，律师违法执业或者因过错给当事人造成损失的，由其所在的律师事务所承担赔偿责任。律师事务所赔偿后，可以向有故意或者重大过失行为的律师追偿。

三、依法独立执业，受法律保护

我国《律师法》第36条规定，律师担任诉讼代理人或者辩护人的，其辩论或者辩护的权利依法受到保障；第37条规定，律师在执业活动中的人身权利不受侵犯。律师在法庭上发表的代理、辩护意见不受法律追究。但是，发表危害国家安全、恶意诽谤他人、严重扰乱法庭秩序的言论除外。另外，《律师法》第46条规定了律师协会应当履行的职责，其中明确规定律师协会应当保障律师依法执业，维护律师的合法权益。律师能否依法独立执业，其受法律保护的程度，反映了一个国家和社会的民主、法治的发展水平。在我国，《律师法》明确规定了律师执业依法应当受法律保护，这对于充分调动律师执业的积极性，对于维护当事人合法权益，保障法律的正确实施，都将具有极其重要的意义。

法条链接：

《中华人民共和国律师法》

第三十六条　律师担任诉讼代理人或者辩护人的，其辩论或者辩护的权利依法受到保障。

第三十七条　律师在执业活动中的人身权利不受侵犯。

律师在法庭上发表的代理、辩护意见不受法律追究。但是，发表危害国家安全、恶意诽谤他人、严重扰乱法庭秩序的言论除外。

第五十四条　律师违法执业或者因过错给当事人造成损失的，由其所在的律师事务所承担赔偿责任。律师事务所赔偿后，可以向有故意或者重大过失行为的律师追偿。

★ 思考题

1. 执业律师在执业过程中，应当维护当事人的合法权益，具体体现在哪些方面？
2. 简述对律师执业进行监督的意义。
3. 简述执业律师依法独立执业，受法律保护的意义。

相关资源

1.《中华人民共和国律师法》。
2.《律师职业道德和执业纪律规范》。
3. 苏婷婷："律师职业：忠诚与公益的统——从'代理人'的内涵谈律师的职业定位及其使命"，载《江南大学学报（人文社会科学版）》2004 年第 5 期。
4. 向明："律师独立的价值解析"，载《湘潭大学学报（哲学社会科学版）》2010 年第 6 期。

讨论交流

某省司法厅对全省当前律师执业环境的现状进行了详细的调查分析，就律师执业权利的保护问题进行了归纳和总结，体现为以下几点：

1. 跨区域办案损害律师执业权利的问题较多，本区域办案相对较少。
2. 经济发达地区律师执业权利保障情况较好，经济欠发达地区律师执业权利保障相对较差。

3. 对律师执业权利保护的立法规定较为完善，但实际执行却难以到位。《律师法》规定了律师的会见权、阅卷权、调查取证权、庭审言论豁免权等一系列权利，但在现实中，部分公、检、法机关往往规避《律师法》的适用，而直接适用《刑事诉讼法》，从而导致律师执业权利难以落实。

4. 就执业权利的行使情况而言，资深律师优于新进青年律师、有政治身份的律师优于普通律师。资深律师在执业权利保护方面，明显地优于新进青年律师。另外，我省已有159名律师担任了全国及省、市、县各级人大代表、政协委员，有近千名律师担任了党政机关的法律顾问，有政治身份的律师能够较好的行使各项执业权利。

5. 律师非诉讼执业权利保护情况较好，而诉讼执业权利保护情况较差。律师愿意办理非诉讼法律事务的原因有两个方面：一是在律师收费办法和收费标准实施以后，对诉讼案件和非诉讼案件分别采取了政府指导和市场调节的两种不同收费方式，这使律师更倾向于办理非诉讼法律事务；另一方面，与非诉讼法律业务相比，在诉讼案件中，有的司法机关在诉讼过程中由于办案需要，往往对律师的执业权利进行干预和限制，律师参与诉讼案件的法律风险、政治风险较大，而其中刑事诉讼中的律师执业权利保护问题尤为严峻，在刑事诉讼中，律师的执业权利得不到起码的尊重和保障，许多资深律师不愿意承接刑事辩护业务。

问题

（1）根据上述调研材料，我们应当怎样加强对律师执业权利的保护？

（2）如何正确理解律师依法执业，受法律保护的律师执业基本原则？

第四章

律师的管理体制与律师的执业机构

学习单元一　律师的管理体制

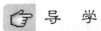

一、学习目的和要求

了解和掌握律师管理体制的基本内容。

二、学习重点和难点

正确理解和掌握司法行政机关与律师协会对律师职业进行管理和监督的具体内容。

学习本单元要注意的是，司法行政机关的行政管理和监督与律师协会的行业管理和监督存在显著差异。

学习内容

律师管理体制，是指律师资格、律师执业管理的体系和制度。为促进律师职业的健康发展，国家有必要建立科学、合理的律师管理体制。根据我国《律师法》的相关规定，我国律师管理体制由两部分组成，即司法行政机关对律师执业进行的行政性的管理和监督，以及中华全国律师协会与地方各级律师协会对律师执业进行的行业性的监督和管理。

一、司法行政机关对律师职业的管理和监督

根据我国《律师法》的相关规定，各级司法行政机关在律师管理体制中居于主导地位，各级律师协会、各类型的律师事务所以及执业律师都应当接受各级司法行政机关的管理和监督，其管理和监督的具体内容体现在以下方面：

1. 律师资格及律师执业证书的管理。根据我国《律师法》、《律师执业管理办法》等相关法律、行政法规的规定，对通过司法考试或通过考核的人员，授予司法资格，从事律师事务的，颁发律师执业证书，并每年对律师执业证书进行年检注册。

2. 律师执业机构的管理。根据我国《律师法》的相关规定，审批各类型律师事务所及其分支机构，并每年对律师事务所进行年检注册，指导律师事务所根据《律师法》的相关规定制定律师事务所章程，并健全内部管理制度。

3. 律师执业活动的管理和监督。司法行政机关对律师执业活动的管理和监督体现在以下几个方面：①协调律师、律师事务所、律师协会之间的关系；②促进律师执业活动的发展；③组织律师参与、开展法律援助活动；④组织律师成立专业委员会，提高执业水平；⑤接受社会各界对律师执业活动的投诉，对律师执业活动进行监督。

4. 律师及律师事务所违法执业的行政处罚。根据我国《律师法》第七章以及 2004 年司法部颁发的《律师和律师事务所违法行为处罚办法》等相关法律、行政法规的规定对律师及律师事务所的违法行为进行行政处罚。

5. 制定相关政策促进律师职业的健康发展。在宏观政策方面，各级司法行政机关应当制定相关政策促进律师职业的健康发展，具体体现在以下方面：①制定律师职业的发展规划；②支持律师协会的行业管理；③维护执业律师的合法权利；④促进律师、律师事务所之间的交流；⑤加强律师职业培训，提高律师执业水平；⑥协调并建立律师职业与其他法律职业之间的正常的工作关系等。

二、律师协会对律师职业的管理和监督

根据我国《律师法》第 43 条的规定，律师协会是社会团体法人，是律师的自律性组织。全国设立中华全国律师协会，省、自治区、直辖市设立地方律师协会，设区的市根据需要可以设立地方律师协会。第 44 条规定，全国律师协会章程由全国会员代表大会制定，报国务院司法行政部门备案。地方律师协会章程由地方会员代表大会制定，报同级司法行政部门备案。地方律师协会章程不得与全国律师协会章程相抵触。第 45 条规定，律师、律师事务所应当加入所在地的地方律师协会。加入地方律师协会的律师、律师事务所，同时是全国律师协会的会员。

根据我国《律师法》的上述规定，律师协会对律师职业的管理和监督体现在以下方面：

1. 保障执业律师依法执业，维护执业律师的合法权益。律师协会作为律师自律性的行业组织，保障执业律师依法执业，维护执业律师的合法权益应当是其首要职责。当执业律师在执业活动中合法权益受到非法侵害时，律师协会应当积极为执业律师提供各类帮助。

2. 组织执业律师参加业务培训，总结、交流律师工作经验。律师协会应当组织执业律师参加业务培训，总结、交流律师工作经验，从而有效提高执业律师执业水平和执业能力，更好地为当事人提供法律服务。另外，律师协会负责管理申请律师执业人员的实习活动，并应对实习人员进行考核。

3. 制定行业道德规范、行为规范和惩戒规则。律师协会应当制定行业道德规范、行为规范和惩戒规则，并贯彻执行。对执业律师进行职业道德、执业纪律教育，对执业律师的执业活动进行监督考核，可以促进执业律师廉洁自律，提升律师职业的社会形象，并最终有利于律师职业的健康发展。

4. 对执业律师、律师事务所实施奖励和惩戒。律师协会应当根据行业自律规范对执业律师、律师事务所合法执业进行表彰和奖励。同时，根据《律师职业道德和执业纪律规范》、《律师执业行为规范（试行）》、《律师协会会员违规行为处分规则》的相关规定，对执业律师执业中的违法行为进行处罚。

5. 受理对执业律师的投诉或者举报，调解执业律师在执业活动中发生的纠纷，受理执业律师的申诉。律师协会应当受理对执业律师违法行为的投诉或者举报，并进行调查，作出处理决定。同时，对于执业律师与当事人之间、执业律师之间、执业律师与律师事务所之间以及律师事务所之间的纠纷，应当进行调解，化解纠纷矛盾，并妥善处理。

法条链接：

《中华人民共和国律师法》

第四十三条　律师协会是社会团体法人，是律师的自律性组织。全国设立中华全国律师协会，省、自治区、直辖市设立地方律师协会，设区的市根据需要可以设立地方律师协会。

第四十六条　律师协会应当履行下列职责：

（一）保障律师依法执业，维护律师的合法权益；

（二）总结、交流律师工作经验；

（三）制定行业规范和惩戒规则；

（四）组织律师业务培训和职业道德、执业纪律教育，对律师的执业活动进行考核；

（五）组织管理申请律师执业人员的实习活动，对实习人员进行考核；

（六）对律师、律师事务所实施奖励和惩戒；

（七）受理对律师的投诉或者举报，调解律师执业活动中发生的纠纷，受理律师的申诉；

（八）法律、行政法规、规章以及律师协会章程规定的其他职责。

律师协会制定的行业规范和惩戒规则，不得与有关法律、行政法规、规章相抵触。

★ 思考题

1. 司法行政机关与律师协会对律师职业进行管理和监督的具体内容有哪些？

2. 如何正确理解律师协会的性质？

相关资源

1.《中华人民共和国律师法》。

2.《律师职业道德和执业纪律规范》。

3.《律师协会会员违规行为处分规则》。

4. 王素平："北洋时期律师的身份及其管理体制"，载《河北工程大学学报（社会科学版）》2008 年第 1 期。

5. 朱伟："律师协会的权力及其有效制约"，载《苏州大学学报（哲学社会科学版）》2007 年第 4 期。

6. 周云涛："论'两结合'律师管理体制的完善——以美、德两国为中心的考察（上）"，载《中国律师》2010 年第 6 期。

7. 周云涛："论'两结合'律师管理体制的完善——以美、德两国为中心的考察（下）"，载《中国律师》2010 年第 7 期。

8. 罗力彦："内地与香港律师管理之比较"，载《中国司法》2006 年第 3 期。

9. 李金华："中美律师管理制度比较研究"，载《重庆工学院学报》2006 年第 10 期。

讨论交流

根据我国《律师法》的相关规定，我国律师管理体制由两部分组成，即司法行政机关对律师职业进行行政性的管理和监督，以及中华全国律师协会与地方各级律师协会对律师职业进行行业性的监督和管理，这种双重管理体制存在的较突出的问题是，司法行政机关与律师协会二者定位不准、职能难以区分。司法行政机关应当集中主要精力做好律师行业宏观管理工作，例如制定律师行业发展政策，推动相关法律、行政法规、规章的制定，完善有关律师制度的法律体系，严格律师职业准入和退出机制，加强市场秩序监管，改善执业环境等。而律师协会则应集中主要精力做好以下工作：保障执业律师依法执业，维护执业律师的合法权益；总结、交流律师工作经验；制定行业规范和惩戒规则；组织执业律师参加业务培训和职业道德、执业纪律教育，对执业律师的执业活动进行考核；组织管理申请律师执业人员的实习活动，对实习人员进行考核；对执业律师、律师事务所实施奖励和惩戒；受理对执业律师的投诉或者举报，调解执业律师执业活动中发生的纠纷，受理执业律师的申诉等。

尽管我国 2007 年《律师法》对律师行业的双重管理体制进行了一定程度的修改和完善，例如在有关律师执业准入环节上，将组织管理申请律师执业人员的实习活动，对实习人员进行考核的权力明确赋予了律师协会；在执业律师的惩戒和考核方面，赋予律师协会制定行业规范和惩戒规则，对执业律师和律师事务所实施奖励和惩戒的权力。但应当注意的是，司法行政机关享有的管理权力远远超出其宏观管理的范围，律师资格的授予、律师执业证书和律师事务所执业证书的颁发、执业律师的惩戒、执业律师收费办法等对执业律师有重大影响的权力均由司法行政机关掌握，而律师协会的管理权力则相形见绌，自治性不足。

问题

（1）我们应当怎样正确认识司法行政机关与律师协会的关系？

（2）根据上述论述，我们应当怎样认识律师管理体制改革的发展方向。

学习单元二　律师的执业机构

　导　学

一、学习目的和要求

了解律师事务所的类型，以及各类律师事务所的设立、变更、终止的条件与程序，掌握律师事务所的内部管理制度。

二、学习重点和难点

正确理解和掌握律师事务所的内部管理制度。

学习本单元要注意的是，司法行政机关对律师事务所实行年度考核制度，同时，为确保律师事务所顺利、合法运行，法律、行政法规、规章确立了一系列律师事务所内部管理制度。

👉 学习内容

一、律师事务所的设立、变更、终止

（一）律师事务所的设立条件与程序

根据我国《律师法》第 14 条、《律师事务所管理办法》第 6 条的规定，设立律师事务所应当具备下列条件：

1. 有自己的名称、住所和章程；

2. 有符合本法规定的律师；

3. 设立人应当是具有一定的执业经历，且 3 年内未受过停止执业处罚的律师；

4. 有符合国务院司法行政部门规定数额的资产。

根据我国《律师法》第 17 条、第 18 条、《律师事务所管理办法》第 16 条、第 17 条、第 19 条、第 20 条的规定，设立律师事务所，应当向设区的市级或者直辖市的区人民政府司法行政部门提出申请，并提交下列材料：申请书、律师事务所的名称、章程、律师的名单、简历、身份证明、律师执业证书、住所证明、资产证明，如果设立合伙律师事务所，还应当提交合伙协议。设立国家出资设立的律师事务所，应当提交所在地县级人民政府有关部门出具的核拨编制、提供经费保障的批件。申请设立许可时，申请人应当如实填报《律师事务所设立申请登记表》。

　　设区的市级或者直辖市的区人民政府司法行政部门受理申请的部门应当自受理之日起 20 日内予以审查，并将审查意见和全部申请材料报送省、自治区、直辖市人民政府司法行政部门。省、自治区、直辖市人民政府司法行政部门应当自收到报送材料之日起 10 日内予以审核，作出是否准予设立的决定。准予设立的，应当自决定之日起 10 日内向申请人颁发律师事务所执业许可证；不准予设立的，向申请人书面说明理由。

　　另外，根据我国《律师事务所登记管理办法》第 12 条的规定，申请人对不予登记决定不服的，可以在收到通知之日起 15 日内向司法部申请复议。

　　根据《律师事务所登记管理办法》第 13 条的规定，申请人在收到准予登记的决定后，应当填写《律师事务所登记表》。发起人应当向登记机关提交已辞去原职的证明。

　　办理开业登记后，登记机关应当向律师事务所颁发律师事务所执业证书，并在报纸上予以公告。律师事务所执业证书分为正本和副本，正本用于办公场所悬挂，副本用于查验，正本和副本具有同等法律效力。律师事务所凭据律师事务所执业证书刻制公章、开立银行账户、办理税务登记。律师事务所执业证书不得伪造、涂改、出借、抵押和转让。

　　另外，根据我国《律师法》第 24 条的规定，律师事务所应当于每年的年度考核后，向设区的市级或者直辖市的区人民政府司法行政部门提交本所的年度执业情况报告和律师执业考核结果。根据《律师事务所登记管理办法》第 22 条、第 23 条的规定，律师事务所年检的时间为每年的 3 月 1 日至 5 月 31 日，年检时，律师事务所应当向住所地的司法行政机关提交以下年检材料：律师事务所年度执业情况报告；律师事务所执业证书（副本）；经审计机构审计的律师事务所年度财务报表；律师事务所以及律师的纳税凭证；其他需要提交的材料。

法条链接：

《中华人民共和国律师法》

　　第十四条　律师事务所是律师的执业机构。设立律师事务所应当具备下列条件：

　　（一）有自己的名称、住所和章程；

　　（二）有符合本法规定的律师；

　　（三）设立人应当是具有一定的执业经历，且 3 年内未受过停止执业处罚的律师；

（四）有符合国务院司法行政部门规定数额的资产。

第二十四条　律师事务所应当于每年的年度考核后，向设区的市级或者直辖市的区人民政府司法行政部门提交本所的年度执业情况报告和律师执业考核结果。

《律师事务所管理办法》

第十七条　申请设立律师事务所，应当向所在地设区的市级或者直辖市的区（县）司法行政机关提交下列材料：

（一）设立申请书；

（二）律师事务所的名称、章程；

（三）设立人的名单、简历、身份证明、律师执业证书，律师事务所负责人人选；

（四）住所证明；

（五）资产证明。

设立合伙律师事务所，还应当提交合伙协议。

设立国家出资设立的律师事务所，应当提交所在地县级人民政府有关部门出具的核拨编制、提供经费保障的批件。

申请设立许可时，申请人应当如实填报《律师事务所设立申请登记表》。

（二）律师事务所的变更

根据我国《律师法》第21条、《律师事务所管理办法》第24条的规定，律师事务所变更名称、负责人、章程、合伙协议的，应当报原审核部门批准。律师事务所变更住所、合伙人的，应当自变更之日起15日内报原审核部门备案。

另外，根据《律师事务所管理办法》第26条的规定，律师事务所变更合伙人，包括吸收新合伙人、合伙人退伙、合伙人因法定事由或者经合伙人会议决议被除名。新合伙人应当从专职执业的律师中产生，并具有3年以上执业经历，但司法部另有规定的除外。受到6个月以上停止执业处罚的律师，处罚期满未逾3年的，不得担任合伙人。合伙人退伙、被除名的，律师事务所应当依照法律、本所章程和合伙协议处理相关财产权益、债务承担等事务。因合伙人变更需要修改合伙协议的，修改后的合伙协议应当按照本办法第24条第1款的规定报批。

此外，根据《律师事务所管理办法》第27条的规定，律师事务所变更组织形式的，应当在自行依法处理好业务衔接、人员安排、资产处置、债务承担等事务并对章程、合伙协议作出相应修改后，方可按照本办法第24条第1款的规定申请变更。

法条链接：

《中华人民共和国律师法》

第二十一条　律师事务所变更名称、负责人、章程、合伙协议的，应当报原审核部门批准。

律师事务所变更住所、合伙人的，应当自变更之日起15日内报原审核部门备案。

（三）律师事务所的终止

根据我国《律师法》第22条、《律师事务所管理办法》第30条的规定，律师事务所有下列情形之一的，应当终止：

1. 不能保持法定设立条件，经限期整改仍不符合条件的；

2. 律师事务所执业证书被依法吊销的；

3. 自行决定解散的；

4. 法律、行政法规规定应当终止的其他情形。

律师事务所在取得设立许可后，6个月内未开业或者无正当理由停止业务活动满1年的，视为自行停办，应当终止。律师事务所在受到停业整顿处罚期限未满前，不得自行决定解散。

另外，根据《律师事务所管理办法》第31条的规定，律师事务所在终止事由发生后，应当向社会公告，依照有关规定进行清算，依法处置资产分割、债务清偿等事务。因被吊销执业许可证终止的，由作出该处罚决定的司法行政机关向社会公告。因其他情形终止、律师事务所拒不公告的，由设区的市级或者直辖市的区（县）司法行政机关向社会公告。

律师事务所自终止事由发生后，不得受理新的业务。

律师事务所应当在清算结束后15日内向所在地设区的市级或者直辖市的区（县）司法行政机关提交注销申请书、清算报告、本所执业许可证以及其他有关材料，由其出具审查意见后连同全部注销申请材料报原审核机关审核，办理注销手续。

此外，根据《律师事务所登记管理办法》第18条的规定，律师事务所因解散或因其他原因终止业务活动时，应当到原登记机关办理注销登记手续。律师事务所应当提交该所主任签署的注销登记申请报告、债权债务清理完结的说明文件。

登记机关每年对所登记的律师事务所进行年检。未通过年检的律师事务所不得继续执业。

法条链接：

《中华人民共和国律师法》

第二十二条 律师事务所有下列情形之一的，应当终止：

（一）不能保持法定设立条件，经限期整改仍不符合条件的；

（二）律师事务所执业证书被依法吊销的；

（三）自行决定解散的；

（四）法律、行政法规规定应当终止的其他情形。

律师事务所终止的，由颁发执业证书的部门注销该律师事务所的执业证书。

二、律师事务所的类型

（一）国家出资设立的律师事务所

根据我国《律师法》第20条的规定，国家出资设立的律师事务所，依法自主开展律师业务，以该律师事务所的全部资产对其债务承担责任。

根据《律师事务所管理办法》第10条的规定，国家出资设立的律师事务所，除符合《律师法》规定的一般条件外，应当至少有2名符合《律师法》规定并能够专职执业的律师。需要国家出资设立律师事务所的，由当地县级司法行政机关筹建，申请设立许可前须经所在地县级人民政府有关部门核拨编制、提供经费保障。

另外，根据《律师事务所管理办法》第38条的规定，国家出资设立的律师事务所以其全部资产对其债务承担责任。

（二）合伙制律师事务所

根据我国《律师法》第15条的规定，设立合伙律师事务所，除应当符合本法第14条规定的条件外，还应当有3名以上合伙人，设立人应当是具有3年以上执业经历的律师。

合伙律师事务所可以采用普通合伙或者特殊的普通合伙形式设立。合伙律师事务所的合伙人按照合伙形式对该律师事务所的债务依法承担责任。

根据《律师事务所管理办法》第7条的规定，设立普通合伙律师事务所，除应当符合设立律师事务所应当具备的基本条件外，还应当具备下列条件：

1. 书面合伙协议；

2. 3名以上合伙人作为设立人；

3. 设立人应当是具有 3 年以上执业经历并能够专职执业的律师；

4. 有人民币 30 万元以上的资产。

根据《律师事务所管理办法》第 8 条的规定，设立特殊的普通合伙律师事务所，除应当符合设立律师事务所应当具备的基本条件外，还应当具备下列条件：

1. 有书面合伙协议；

2. 有 20 名以上合伙人作为设立人；

3. 设立人应当是具有 3 年以上执业经历并能够专职执业的律师；

4. 有人民币 1 千万元以上的资产。

另外，根据《律师事务所管理办法》第 38 条的规定，普通合伙律师事务所的合伙人对律师事务所的债务承担无限连带责任。特殊的普通合伙律师事务所一个合伙人或者数个合伙人在执业活动中因故意或者重大过失造成律师事务所债务的，应当承担无限责任或者无限连带责任，其他合伙人以其在律师事务所中的财产份额为限承担责任；合伙人在执业活动中非因故意或者重大过失造成的律师事务所债务，由全体合伙人承担无限连带责任。

（三）个人律师事务所

根据我国《律师法》第 16 条的规定，设立个人律师事务所，除应当符合本法第 14 条规定的条件外，设立人还应当是具有 5 年以上执业经历的律师。设立人对律师事务所的债务承担无限责任。

根据《律师事务所管理办法》第 9 条的规定，设立个人律师事务所，除应当符合设立律师事务所应当具备的基本条件外，还应当具备下列条件：

1. 设立人应当是具有 5 年以上执业经历并能够专职执业的律师；

2. 有人民币 10 万元以上的资产。

另外，根据《律师事务所管理办法》第 38 条的规定，个人律师事务所的设立人对律师事务所的债务承担无限责任。

法条链接：

《中华人民共和国律师法》

第十六条　设立个人律师事务所，除应当符合本法第 14 条规定的条件外，设立人还应当是具有 5 年以上执业经历的律师。设立人对律师事务所的债务承担无限责任。

《律师事务所管理办法》

第三十八条　律师违法执业或者因过错给当事人造成损失的，由其所在的律师事务所承担赔偿责任。律师事务所赔偿后，可以向有故意或者重大过失行为的律师追偿。

普通合伙律师事务所的合伙人对律师事务所的债务承担无限连带责任。特殊的普通合伙律师事务所一个合伙人或者数个合伙人在执业活动中因故意或者重大过失造成律师事务所债务的，应当承担无限责任或者无限连带责任，其他合伙人以其在律师事务所中的财产份额为限承担责任；合伙人在执业活动中非因故意或者重大过失造成的律师事务所债务，由全体合伙人承担无限连带责任。个人律师事务所的设立人对律师事务所的债务承担无限责任。国家出资设立的律师事务所以其全部资产对其债务承担责任。

三、律师事务所内部管理制度

律师事务所内部管理制度，是指法律和行政法规规定的，为确保律师事务所顺利、合法运行而确立的一系列规章制度，这一系列规章制度主要体现为以下几个方面：

（一）民主管理制度

根据《律师事务所管理办法》第13条的规定，律师事务所负责人的人选，应当在申请设立许可时一并报审核机关核准。

合伙律师事务所的负责人，应当从本所合伙人中经全体合伙人民主选举产生；而国家出资设立的律师事务所的负责人，由本所律师民主推选，经所在地县级司法行政机关同意；而个人设立的律师事务所，设立人是该所的负责人。

律师事务所的负责人负责对律师事务所的业务活动和内部事务进行管理，对外代表律师事务所，依法承担对律师事务所违法行为的管理责任。

合伙人会议或者律师会议为合伙律师事务所或者国家出资设立的律师事务所的决策机构；个人律师事务所的重大决策应当充分听取聘用律师的意见。

律师事务所根据本所章程可以设立相关管理机构或者配备专职管理人员，协助本所负责人开展日常管理工作。

（二）业务管理制度

业务管理制度是律师事务所内部管理制度的重要内容，严格的业务管理制度可以保障、监督律师依法执业，维护当事人的合法权益，保障法律的正确实施，维护社会的公平正义。该项制度具体内容为：

1. 统一收案、统一收费制度。根据《律师事务所管理办法》第33条的规定，律师承办业务，应当由律师事务所统一接受委托，与委托人签订书面委托合同。第 35 条规定，律师事务所应当按照有关规定统一收费，建立健全收费管理制度，及时查处有关违规收费的举报和投诉。

2. 分工负责制度、重大复杂案件讨论制度。分工负责制度，是指律师事务所对于当事人委托的事项，实行律师事务所负责人、主办律师、承办律师、协办律师的分工负责制度，以提高办事效率和质量。

重大复杂案件讨论制度，是指律师事务所对于当事人委托的重大复杂案件，应当集体讨论，并可聘请各法律领域的专家参与讨论，以便准确地处理重大复杂案件。

3. 业务档案管理制度。业务档案管理制度，即律师事务所对于承办的各类法律事务应当建立档案管理制度。档案管理制度的建立，有利于核查律师处理各类法律事务的情况以及工作质量，同时，可以总结经验，提高律师的工作能力和业务水平。因而，《律师事务所管理办法》第 44 条规定，律师事务所应当按照规定建立健全档案管理制度，对所承办业务的案卷和有关资料及时立卷归档，妥善保管。

4. 律师过错赔偿制度。律师过错赔偿制度，即律师在执业过程中，因其过错给当事人合法权益造成损失的，应当承担民事赔偿责任。《律师事务所管理办法》第 38 条规定，律师违法执业或者因过错给当事人造成损失的，由其所在的律师事务所承担赔偿责任。律师事务所赔偿后，可以向有故意或者重大过失行为的律师追偿。

（三）财务管理制度

1. 统一收费制度。根据《律师事务所管理办法》第 35 条的规定，律师事务所应当按照有关规定统一收费，建立健全收费管理制度，及时查处有关违规收费的举报和投诉。

2. 健全财务制度，依法纳税。根据《律师事务所管理办法》第 35 条的规定，律师事务所应当依法纳税。并且，律师事务所不得从事法律服务以外的经营活动。

律师事务所在业务活动中应当遵守国家的财经纪律和财务管理制度，健全财务账簿，实行统收统支统一的财务管理。聘用合格的财务人员从事财务工作，并定期向所在地的司法行政机关报送经过审计的年度财务报告。

值得特别注意的是，律师事务所不得从事法律服务以外的经营活动，并赢取利益。

（四）收入分配与社会保险制度

律师事务所应当建立合理的收入分配制度，并依照国家法律和行政法规为聘用的律师和行政辅助人员办理各项社会保险。

根据《律师事务所管理办法》第35条的规定，律师事务所应当建立和实行合理的分配制度及激励机制。

根据《律师事务所管理办法》第36条的规定，合伙律师事务所和国家出资设立的律师事务所应当按照规定为聘用的律师和辅助人员办理失业、养老、医疗等社会保险。个人律师事务所聘用律师和辅助人员的，应当按前款规定为其办理社会保险。

另外，根据《律师事务所管理办法》第37条的规定，律师事务所应当按照规定，建立执业风险、事业发展、社会保障等基金。

（五）业务学习制度

根据《律师事务所管理办法》第40条的规定，律师事务所应当加强对本所律师的职业道德和执业纪律教育，组织开展业务学习和经验交流活动，为律师参加业务培训和继续教育提供必要条件。

（六）投诉查处制度与年度考核制度

根据《律师事务所管理办法》第41条的规定，律师事务所应当建立投诉查处制度，及时查处、纠正本所律师在执业活动中的违法违规行为，调处在执业中与委托人之间的纠纷；认为需要对被投诉律师给予行政处罚或者行业惩戒的，应当及时向所在地县级司法行政机关或者律师协会报告。

根据《律师事务所管理办法》第42条的规定，律师事务所应当建立律师执业年度考核制度，按照规定对本所律师的执业表现和遵守职业道德、执业纪律的情况进行考核，评定等次，实施奖惩，建立律师执业档案。

另外，对于年度考核不合格或者严重违反本所章程及管理制度的律师，律师事务所可以与其解除聘用关系或者经合伙人会议通过将其除名，有关处理结果报所在地县级司法行政机关和律师协会备案。

★ 思考题

1. 简述个人律师事务所的设立条件。

2. 简述律师事务所业务管理制度的基本内容。

相关资源

1. 《中华人民共和国律师法》。

2. 《律师事务所管理办法》。

3. 韩荣营："论律师及律师事务所的定位——兼驳律师事务所为中介机构之定性"，载《广西政法管理干部学院学报》2005 年第 4 期。

4. 王晓云、张逸菁："公职律师开会讨'名分'"，载《中国律师》2007 年第 8 期。

5. 张永咏："律师流动问题实证分析"，载《中国律师》2010 年第 3 期。

6. 赵大程："加强律师事务所建设和管理　推进律师事业发展"，载《中国司法》2011 年第 7 期。

讨论交流

个人律师事务所作为依法设立的专门的法律服务机构，当前在认识和管理上存在以下问题：

1. 个人律师事务所是否就是个人的律师事务所？

2. 个人律师事务所的内部管理制度存在以下问题：

（1）个人律师事务所能否聘用执业律师、能否聘用实习律师？

（2）个人律师事务所能否实行合伙制律师事务所的办案提成制？

（3）个人律师事务所人数较少，可能难以成立党支部，如何参加党组织活动？

（4）个人律师事务所是否必须向司法行政机关或律师协会缴纳执业保证金？

问题

（1）我们应当如何解决个人律师事务所存在的上述问题？

（2）个人律师事务所与合伙制律师事务所存在哪些差异？

第五章

执业律师的权利与义务

学习单元一   执业律师的权利

一、学习目的和要求

了解和掌握执业律师的权利的具体内容。

二、学习重点和难点

正确理解和掌握执业律师的工作权利和人身权利。

学习本单元要注意的是，执业律师的人身权利包括言论豁免权、拒绝作证权、拒绝辩护或代理的权利。

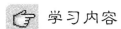

执业律师的权利，是指法律、行政法规规定的，为保障执业律师顺利履行律师职务而赋予的一系列权利。在我国，执业律师的权利一般可以分为执业律师的工作权利和人身权利，现分别论述如下：

一、执业律师的工作权利

（一）依法执业受法律保护的权利

我国《律师法》第3条第4款规定，律师依法执业受法律保护，任何组织和个人不得侵害律师的合法权益。该条规定了执业律师履行律师职务的基础性权利，保障执业律师这一权利的顺利行使，是执业律师履行律师职务上其他权利的前提条件。

（二）查阅案卷的权利

执业律师在诉讼中享有查阅案卷的权利，通过查阅案卷，执业律师可以了解案件的全部情况，因而，该项权利是执业律师的基本权利之一。我国《律师法》第 34 条规定，受委托的律师自案件审查起诉之日起，有权查阅、摘抄和复制与案件有关的诉讼文书及案卷材料。受委托的律师自案件被人民法院受理之日起，有权查阅、摘抄和复制与案件有关的所有材料。另外，我国《刑事诉讼法》第 38 条、《民事诉讼法》第 61 条、《行政诉讼法》第 31 条均对执业律师查阅案卷的权利作出了规定。《刑事诉讼法》第 38 条规定，辩护律师自人民检察院对案件审查起诉之日起，可以查阅、摘抄、复制本案的案卷材料。辩护律师自人民法院受理案件之日起，可以查阅、摘抄、复制本案所指控的犯罪事实材料。《民事诉讼法》第 61 条规定，代理诉讼的律师，可以查阅本案有关材料。《行政诉讼法》第 31 条规定，代理诉讼的律师，可以依照规定查阅有关材料。

（三）调查取证的权利

执业律师调查取证的权利，是指执业律师在履行律师职务时，有权向有关单位和个人进行调查，收集有关证据，该项权利是执业律师履行律师职务的重要保障。我国《律师法》第 35 条规定，受委托的律师根据案情的需要，可以申请人民检察院、人民法院收集、调取证据或者申请人民法院通知证人出庭作证。律师自行调查取证的，凭律师执业证书和律师事务所证明，可以向有关单位或者个人调查与承办法律事务有关的情况。

（四）同被限制人身自由的人会见和通信的权利

我国《律师法》第 33 条规定，犯罪嫌疑人被侦查机关第一次讯问或者采取强制措施之日起，受委托的律师凭律师执业证书、律师事务所证明和委托书或者法律援助公函，有权会见犯罪嫌疑人、被告人并了解有关案件情况。律师会见犯罪嫌疑人、被告人，不被监听。

另外，《刑事诉讼法》第 33 条第 1 款规定，犯罪嫌疑人在被侦查机关第一次讯问或者采取强制措施之日起，有权委托辩护人。第 36 条规定，辩护律师在侦查期间可以为犯罪嫌疑人提供法律帮助；代理申诉、控告；申请变更强制措施；向侦查机关了解犯罪嫌疑人涉嫌的罪名和案件有关情况，提出意见。此外，《刑事诉讼法》第 37 条规定，辩护律师可以同在押的犯罪嫌疑人、被告人会见和通信。辩护律师持律师执业证书、律师事务所证明和委托书或者法律援助公函要求会见在押的犯罪嫌疑人、被告人的，看守所应当及时安排会见，至迟不得超过 48 小时。

（五）得到人民法院开庭通知的权利

我国《律师法》并没有规定执业律师有得到人民法院开庭通知的权利，但是，根据《刑事诉讼法》、《民事诉讼法》、《行政诉讼法》的相关规定，人民法院应当依照法律的规定，将开庭时间和地点通知执业律师。例如《刑事诉讼法》第182条规定，人民法院决定开庭审判后，应当确定合议庭的组成人员，将人民检察院的起诉书副本至迟在开庭10日以前送达被告人及其辩护人。人民法院确定开庭日期后，应当将开庭的时间、地点通知人民检察院，传唤当事人，通知辩护人、诉讼代理人、证人、鉴定人和翻译人员，传票和通知书至迟在开庭3日以前送达。

（六）参与法庭审理的权利

法庭审理是整个诉讼活动的重要阶段，也是执业律师履行律师职务的关键环节。执业律师接受当事人的委托或者人民法院的指定，担任辩护人、诉讼代理人，有权出席法庭，参与诉讼，这是执业律师依法享有的重要权利。因而，我国《律师法》、《刑事诉讼法》、《民事诉讼法》、《行政诉讼法》均赋予执业律师参与法庭审理的权利，该项权利体现为以下具体权利：

1. 提问的权利。在法庭审理中，执业律师经法庭许可，可以向被告人、被害人、证人、鉴定人等有关人员提问。应当注意的是：①执业律师的提问应当经法庭许可，但是只要律师的提问符合法律规定，法庭就应当容许；②执业律师的提问应当与案件有关；③被提问人应当如实回答问题；④对执业律师的提问，法庭应当在法庭笔录予以记录。

2. 提出新证据的权利。在法庭审理过程中，执业律师有权申请在法庭上提出新的证据、调取新的物证，有权申请通知新的证人到庭接受询问，申请重新鉴定或者勘验，并且执业律师可以根据案情的需要，申请人民检察院、人民法院收集、调取证据。

3. 质证的权利。在法庭审理阶段，执业律师有权对法庭上出示的物证和宣读的未到庭的证人证言、鉴定结论、勘验笔录等证据发表意见；对于出庭作证的证人，有权对其进行交叉询问，对证人证言进行质证。

4. 参与法庭辩论的权利。在第一审程序、第二审程序中，执业律师都有权参与法庭辩论，都可以就案件事实以及应当适用的法律发表意见，与对方展开平等的法庭辩论。通过执业律师参与法庭辩论，可以使法庭对案件事实以及应当适用的法律有明确、清晰的判断，从而作出正确的裁判。

5. 拒绝回答与案件无关问题的权利。人民法院审理有执业律师担任诉讼代理人的刑事、民事、行政案件，在法庭审判中不应询问执业律师的年龄、籍贯和地址等与案件无关的问题。

（七）获得本案诉讼文书副本的权利

我国《律师法》并没有具有规定执业律师有获得本案各类诉讼文书副本的权利，但在司法实践中，凡属公诉案件，检察院应当附起诉书副本一份，交由法院转发辩护律师。有律师辩护的第一审案件，检察院如提起抗诉，也应附抗诉书副本交由法院转发辩护律师。凡有律师参加诉讼的刑、民案件，无论一审、二审，法院所作的判决书、裁定书，都应发给承办律师副本。

此外，在行政诉讼以及仲裁案件中，人民法院及仲裁机构应当将各类诉讼文书副本发给执业律师或者律师事务所。

（八）获得当事人授权，代行上诉的权利、代理申诉或控告的权利

当事人不服第一审人民法院的判决或裁定，有权向第一审人民法院的上级人民法院提出上诉，请求上级法院对案件重新进行审判。因而，上诉权是专属于当事人的权利，在未得到当事人明确授权的情况下，执业律师无权行使。当然，如果当事人明确授权，执业律师可以代行上诉的权利。例如《刑事诉讼法》第 216 条规定，被告人的辩护人和近亲属，经被告人同意，可以提出上诉。

根据我国《律师法》第 28 条第 4 项的规定，执业律师可以接受委托，代理各类诉讼案件的申诉。另外，根据《刑事诉讼法》第 36 条的规定，辩护律师在侦查期间可以为犯罪嫌疑人提供法律帮助；代理申诉、控告；申请变更强制措施；向侦查机关了解犯罪嫌疑人涉嫌的罪名和案件有关情况，提出意见。

（九）为犯罪嫌疑人、被告人申请变更、解除强制措施的权利

根据我国《律师法》第 28 条第 3 项的规定，执业律师可以接受刑事案件犯罪嫌疑人的委托，为其提供法律咨询，代理申诉、控告，为被逮捕的犯罪嫌疑人申请取保候审。另外，《刑事诉讼法》第 95 条规定，犯罪嫌疑人、被告人及其法定代理人、近亲属或者辩护人有权申请变更强制措施。人民法院、人民检察院和公安机关收到申请后，应当在 3 日以内作出决定；不同意变更强制措施的，应当告知申请人，并说明不同意的理由。《刑事诉讼法》第 97 条规定，人民法院、人民检察院或者公安机关对被采取强制措施法定期限届满的犯罪嫌疑人、被告人，应当予以释放、解除取保候审、监视居住或者依法变更强制措施。犯罪嫌疑人、被告人及其法定代理人、近亲属或者辩护人

对于人民法院、人民检察院或者公安机关采取强制措施法定期限届满的，有权要求解除强制措施。

二、执业律师的人身权利

（一）言论豁免权

执业律师的言论豁免权，是指执业律师依法履行律师职务时，其在法庭上发表的代理、辩护言论不受法律追究的权利，即任何司法机关都不得因执业律师在法庭上的言论，而对其采取强制措施，甚至定罪量刑。但是，执业律师的言论豁免权应当受到一定条件的制约，这些条件包括两个：①只有执业律师履行律师职务，参与法庭审理时，才能行使言论豁免权；②执业律师履行律师职务，参与法庭审理，发表危害国家安全、恶意诽谤他人、严重扰乱法庭秩序的言论的，仍将受到法律的制裁。我国《律师法》第37条对执业律师的言论豁免权作出了详细规定，律师在执业活动中的人身权利不受侵犯。律师在法庭上发表的代理、辩护意见不受法律追究。但是，发表危害国家安全、恶意诽谤他人、严重扰乱法庭秩序的言论除外。

（二）拒绝作证权

我国《律师法》没有明确规定执业律师的拒绝作证权，拒绝作证权是指执业律师在执业过程中，获得了当事人的秘密，有权拒绝向司法机关作证。执业律师在执业过程中，可能接触、了解当事人的商业秘密、个人隐私甚至有关的国家秘密，根据我国《律师法》第38条规定，律师应当保守在执业活动中知悉的国家秘密、商业秘密，不得泄露当事人的隐私。律师对在执业活动中知悉的委托人和其他人不愿泄露的情况和信息，应当予以保密。我国《律师法》规定了执业律师保密的义务，尽管没有明确赋予执业律师就应当保密的事项而享有拒绝作证的权利，但是，执业律师履行保密的义务，其结果即应当是拒绝作证。

当然，执业律师享有的拒绝作证权也不是绝对的，执业律师在非执业过程中知悉当事人的秘密，不享有拒绝作证权，另外，对于委托人或者其他人准备或者正在实施的危害国家安全、公共安全以及其他严重危害他人人身、财产安全的犯罪事实和信息，执业律师不应当因其负有保密义务而享有拒绝作证的权利，相反，应积极向有关机关举报，以防止重大危害结果的产生。

法条链接：

《中华人民共和国律师法》

第三十八条 律师应当保守在执业活动中知悉的国家秘密、商业秘密，不得泄露当事人的隐私。

律师对在执业活动中知悉的委托人和其他人不愿泄露的情况和信息，应当予以保密。但是，委托人或者其他人准备或者正在实施的危害国家安全、公共安全以及其他严重危害他人人身、财产安全的犯罪事实和信息除外。

（三）拒绝辩护或代理的权利

执业律师的拒绝辩护或代理的权利，是指执业律师在特定情况下，有权拒绝为当事人进行辩护或代理的权利。一般情况下，执业律师接受委托以后，不得拒绝辩护或者代理，只有在特定情况下，执业律师才享有拒绝辩护或代理的权利。所谓特定情况，是指当事人具有严重侵犯执业律师人身权利的行为发生或者要求执业律师维护其非法利益以及故意隐瞒案件中的重要事实等情况。对执业律师拒绝辩护或代理的权利，我国《律师法》第 32 条作出了明确的规定，委托人可以拒绝已委托的律师为其继续辩护或者代理，同时可以另行委托律师担任辩护人或者代理人。律师接受委托后，无正当理由的，不得拒绝辩护或者代理。但是，委托事项违法、委托人利用律师提供的服务从事违法活动或者委托人故意隐瞒与案件有关的重要事实的，律师有权拒绝辩护或者代理。

★ 思考题

1. 简述执业律师工作权利的基本内容。
2. 简述执业律师人身权利的基本内容。

相关资源

1. 《中华人民共和国律师法》。
2. 《刑事诉讼法》。
3. 《民事诉讼法》。
4. 《行政诉讼法》。
5. 刘德法："论辩护律师的人权保护"，载《中州学刊》2005 年第 5 期。
6. 尹维达："略论律师执业豁免权"，载《学理论》2010 年第 34 期。
7. 衡静："律师职业特权考"，载《社会科学家》2011 年第 1 期。
8. 黄朝："律师执业权利探析"，载《法制与社会》2011 年第 19 期。

 讨论交流

自我国律师制度恢复以来，执业律师对我国社会主义法治的建设和发展作出了重要贡献，律师行业以其专业性和突出作用得到了社会的高度评价和认可。但是，我国法律、行政法规对执业律师的执业权利及人身权利的保障存在诸多的不足，制约了律师行业在社会生活中发挥更为积极的作用，这一点在我国的刑事诉讼中体现得较为明显。在我国的刑事诉讼中，执业律师的人身权利是执业律师一切权利的基础，我国相关法律、行政法规对此却规定得不够明确、详细，缺乏可操作性，以致执业律师在执业过程中人身权利遭到侵害的案件时有发生，甚至被追究刑事责任。虽然 2007 年修订了《律师法》，弥补了立法方面的某些缺陷，例如《律师法》第 37 条的规定对于执业律师人身权利的保护具有积极的意义，但与国际水平相比仍相差甚远，我国应在借鉴其他国家保护执业律师人身权利制度的基础上，结合我国国情，逐步完善我国执业律师的人身权利保护制度。

问题

（1）根据我国《律师法》，执业律师享有哪些人身权利？

（2）我们应当如何完善我国的执业律师人身权利保护制度？

学习单元二　执业律师的义务

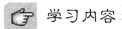 导　学

一、学习目的和要求

了解和掌握执业律师的义务的具体内容。

二、学习重点和难点

正确理解和掌握执业律师的保密义务，以及执业律师正确处理与其他法律职业从业人员的关系的义务。

学习本单元要注意的是，执业律师应当如何正确处理与其他法律职业从业人员的关系。

学习内容

根据我国《律师法》和相关法律、行政法规的规定，执业律师在执业活

动中主要应当承担和履行下列义务：

一、维护当事人合法权益的义务

维护当事人合法权益，是指执业律师接受当事人委托或者人民法院的指定之后，有责任依法履行律师职务，为当事人提供法律服务，维护当事人的合法权益。我国《律师法》第29条规定，律师担任法律顾问的，应当按照约定为委托人就有关法律问题提供意见，草拟、审查法律文书，代理参加诉讼、调解或者仲裁活动，办理委托的其他法律事务，维护委托人的合法权益。我国《律师法》第30条规定，律师担任诉讼法律事务代理人或者非诉讼法律事务代理人的，应当在受委托的权限内，维护委托人的合法权益。我国《律师法》第40条规定了律师在执业活动中不得有下列行为损害当事人的利益：①私自接受委托、收取费用，接受委托人的财物或者其他利益；②利用提供法律服务的便利牟取当事人争议的权益；③接受对方当事人的财物或者其他利益，与对方当事人或者第三人恶意串通，侵害委托人的权益。

二、保密的义务

我国《律师法》第38条、《律师职业道德和执业纪律规范》第8条均规定执业律师的保密义务。我国《律师法》第38条规定，律师应当保守在执业活动中知悉的国家秘密、商业秘密，不得泄露当事人的隐私。律师对在执业活动中知悉的委托人和其他人不愿泄露的情况和信息，应当予以保密。但是，委托人或者其他人准备或者正在实施的危害国家安全、公共安全以及其他严重危害他人人身、财产安全的犯罪事实和信息除外。

法条链接：

《律师职业道德和执业纪律规范》

第八条　律师应当严守国家机密，保守委托人的商业秘密及委托人的隐私。

三、遵守宪法和法律、遵守法庭、仲裁庭秩序的义务

执业律师在执业过程中，应当遵守宪法和法律，遵守法庭秩序，我国《刑事诉讼法》、《民事诉讼法》、《行政诉讼法》对此问题均有明确规定，另外，我国《律师法》第40条第6项、第7项、第8项明确规定，执业律师在执业活动中不得故意提供虚假证据或者威胁、利诱他人提供虚假证据，妨碍对方当事人合法取得证据；不得煽动、教唆当事人采取扰乱公共秩序、危害公共安全等非法手段解决争议；不得扰乱法庭、仲裁庭秩序，干扰诉讼、仲裁活动的正常进行。

四、接受人民法院的指定，履行法律援助的义务

执业律师应当接受人民法院的指定，积极履行法律援助的义务，我国《律师法》第42条明确规定，律师、律师事务所应当按照国家规定履行法律援助义务，为受援人提供符合标准的法律服务，维护受援人的合法权益。

五、正确处理与其他法律职业从业人员的关系的义务

我国《律师法》第40条第4项、第5项明确规定，禁止执业律师违反规定会见法官、检察官、仲裁员以及其他有关工作人员；向法官、检察官、仲裁员以及其他有关工作人员行贿，介绍贿赂或者指使、诱导当事人行贿，或者以其他不正当方式影响法官、检察官、仲裁员以及其他有关工作人员依法办理案件；另外，我国《律师法》第41条规定，曾经担任法官、检察官的律师，从人民法院、人民检察院离任后2年内，不得担任诉讼代理人或者辩护人。

此外，最高人民法院、司法部《关于规范法官和律师相互关系维护司法公正的若干规定》第7条第2款规定，当事人委托的律师不得借法官或者其近亲属婚丧喜庆事宜馈赠礼品、金钱、有价证券等；不得向法官请客送礼、行贿或者指使、诱导当事人送礼、行贿；不得为法官装修住宅、购买商品或者出资邀请法官进行娱乐、旅游活动；不得为法官报销任何费用；不得向法官出借交通工具、通信工具或者其他物品。

法条链接：

《中华人民共和国律师法》

第四十条　律师在执业活动中不得有下列行为：

（一）私自接受委托、收取费用，接受委托人的财物或者其他利益；

（二）利用提供法律服务的便利牟取当事人争议的权益；

（三）接受对方当事人的财物或者其他利益，与对方当事人或者第三人恶意串通，侵害委托人的权益；

（四）违反规定会见法官、检察官、仲裁员以及其他有关工作人员；

（五）向法官、检察官、仲裁员以及其他有关工作人员行贿，介绍贿赂或者指使、诱导当事人行贿，或者以其他不正当方式影响法官、检察官、仲裁员以及其他有关工作人员依法办理案件；

（六）故意提供虚假证据或者威胁、利诱他人提供虚假证据，妨碍对方当事人合法取得证据；

（七）煽动、教唆当事人采取扰乱公共秩序、危害公共安全等非法手段解

决争议；

（八）扰乱法庭、仲裁庭秩序，干扰诉讼、仲裁活动的正常进行。

第四十一条　曾经担任法官、检察官的律师，从人民法院、人民检察院离任后 2 年内，不得担任诉讼代理人或者辩护人。

第四十二条　律师、律师事务所应当按照国家规定履行法律援助义务，为受援人提供符合标准的法律服务，维护受援人的合法权益。

★ **思考题**

1. 简述执业律师的保密义务。

2. 简述执业律师应当如何正确处理与其他法律职业从业人员的关系。

相关资源

1.《中华人民共和国律师法》。

2.《刑事诉讼法》。

3.《民事诉讼法》。

4.《行政诉讼法》。

5.《律师职业道德和执业纪律规范》。

6.《关于规范法官和律师相互关系维护司法公正的若干规定》。

7. 陈雪娇、王继远："论律师信义义务"，载《昆明理工大学学报（社会科学版）》2009 年第 12 期。

8. 葛同山："论刑事辩护律师的真实义务"，载《扬州大学学报（人文社会科学版）》2010 年第 1 期。

9. 蔡宏毅、叶萍："浅论刑事辩护律师的职业保密义务"，载《法制与社会》2011 年第 16 期。

讨论交流

一般来讲，执业律师的保密义务不同于其他类型的保密义务，具有如下特征：

1. 律师保密义务是一种与职务相关的义务，具体来说，律师保密义务要求执业律师保守的是职务秘密，即执业律师在履行职务过程中接触到的国家秘密、商业秘密或个人隐私，对不是在履行职务过程中获悉的秘密，由于该义务与律师职务无关，因此不属于律师保密义务的范畴。

2. 律师保密义务的客体为秘密事项，对此应作广义的理解，其既包括国家秘密，也包括商业秘密和个人隐私。对秘密事项的具体认定，要结合有关法律的规定进行。只有对依法可以确认为秘密的事项，执业律师才负有保密的义务，对那些依法不应确定为国家秘密、商业秘密或个人隐私的事项，执业律师不负有保密的义务。

3. 律师保密义务是执业律师的道德义务，同时也是法律义务。执业律师的保密义务受多种规范的约束，其既涉及律师职业道德、执业纪律，同时也涉及执业律师的法律义务。作为道德义务，执业律师保密义务受律师职业道德规范的调整，作为法律义务，执业律师保密义务受有关律师执业纪律规范和执业法律规范的调整，此时执业律师保密义务具有强制性，如果执业律师违背该项义务将受到相应的纪律处分或法律惩罚。

问题

（1）为什么我国《律师法》要规定执业律师的保密义务？

（2）我们应当怎样认识执业律师的保密义务？

第六章

执业律师的职业道德、执业纪律与法律责任

学习单元一　执业律师的职业道德

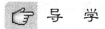　导　学

一、学习目的和要求
了解和掌握执业律师的职业道德的基本内容。

二、学习重点和难点
正确理解和掌握执业律师的职业道德的概念、重要性以及具体内容。

学习本单元要注意的是，执业律师的职业道德是执业律师履行职责时所应遵守的道德准则。

学习内容

执业律师的职业道德，是指执业律师在执行律师职务、履行律师职责时所应遵守的道德准则，执业律师的职业道德对规范执业律师的执业行为具有重要的指导意义。

根据中华全国律师协会 2002 年修订通过的《律师职业道德和执业纪律规范》第二章的规定，以及 2004 年中华全国律师协会通过的《律师执业行为规范（试行）》第二章的规定，执业律师的职业道德主要包括以下内容：

一、忠于宪法和法律，严格依法执业，忠于职守，坚持原则，维护国家法律与社会正义

执业律师作为专门的法律工作者应当忠于宪法和法律，在具体的执业活动中，应当始终坚持以事实为根据，以法律为准绳的职业精神，并严格依法执业。执业律师通过其具体的执业活动，以法律为武器，秉公直言，不畏权

贵，不徇私情，坚决维护当事人的合法权益，维护法律的正确实施，从而最终实现社会正义。

二、诚实守信，勤勉尽责，尽职尽责地维护委托人的合法利益

执业律师作为为当事人提供法律服务的专业人员，在为当事人提供法律服务的过程中，应当诚实守信，勤勉尽责，恪尽职守，尽职尽责地维护委托人的合法权益。

三、敬业勤业，掌握执业所应具备的法律知识和服务技能

执业律师应当热爱律师职业，在具体执业过程中，应当不断学习，努力提高自身的法律修养和法律业务水平，掌握执业所必需的专业法律知识和服务技能，只有这样才能胜任律师职务，并在激烈的法律服务市场竞争中获得生存和发展。

四、珍视和维护律师职业声誉，模范遵守社会公德，注重陶冶品行和职业道德修养

执业律师在执业过程中，应当珍视、维护律师职业的声誉，不得从事任何违法犯罪的活动，而应当成为遵纪守法的楷模，模范遵守社会公德，以法律法规以及社会公认的道德规范约束自己的业内外言行，注重提高个人人品修养，强化职业道德修养。

五、严守国家机密，保守委托人的商业秘密及委托人的隐私

执业律师在执业过程中，应当严守国家机密，保守委托人的商业秘密及委托人的隐私。执业律师通过严守国家秘密，从而维护国家利益；执业律师通过保守委托人的商业秘密及委托人的隐私，从而与委托人建立相互信任关系，这种相互之间的信任关系，是执业律师开展执业活动的基础和前提，同时，也是律师职业得以存在和发展的基石。

六、尊重同行，同业互助，公平竞争，共同提高执业水平

执业律师之间应当相互尊重，同业互助，而不应当相互诋毁；在市场竞争中，应当公平竞争，而不应采取不正当的、甚至是非法的方式进行竞争；作为律师职业的从业人员，应当通过不断学习，共同提高职业技能和执业水平。

七、积极参加社会公益活动，自觉履行法律援助义务

在执业活动中，执业律师除了为当事人提供法律服务以外，还应当积极参与社会公益活动，自觉的履行法律援助义务，为社会中的弱势群体提供法律帮助，只有这样，律师职业才能获得社会公众的广泛支持，同时也有利于

提升律师职业自身的社会形象。

八、遵守律师协会章程，切实履行会员义务

执业律师必须加入所在地的律师协会，成为会员，加入地方律师协会的律师，同时也是中华全国律师协会的会员，因此，作为律师协会的会员，执业律师必须遵守律师协会章程，在享有律师协会会员权利的同时，应当切实履行律师协会会员的义务。

法条链接：

《律师职业道德和执业纪律规范》

第一条　为维护律师的职业声誉全面提高律师队伍的道德水准，规范律师的执业行为，保障律师切实履行对社会和公众所承担的使命和责任，依据《中华人民共和国律师法》，制定本规范。

第二条　律师在执业活动中应当遵守本规范。

第四条　律师应当忠于宪法和法律，坚持以事实为根据，以法律为准绳，严格依法执业。律师应当忠于职守，坚持原则，维护国家法律与社会正义。

第五条　律师应当诚实守信，勤勉尽责，尽职尽责地维护委托人的合法利益。

第六条　律师应当敬业勤业，努力钻研业务，掌握执业所应具备的法律知识和服务技能，不断提高执业水平。

第七条　律师应当珍视和维护律师职业声誉，模范遵守社会公德，注重陶冶品行和职业道德修养。

第八条　律师应当严守国家机密，保守委托人的商业秘密及委托人的隐私。

第九条　律师应当尊重同行，同业互助，公平竞争，共同提高执业水平。

第十条　律师应当自觉履行法律援助义务，为受援人提供法律帮助。

第十一条　律师应当遵守律师协会章程，切实履行会员义务。

第十二条　律师应当积极参加社会公益活动。

《律师执业行为规范（试行）》

第六条　律师必须忠实于宪法、法律。

第七条　律师必须诚实守信，勤勉尽责，依照事实和法律，维护委托人利益，维护法律尊严，维护社会公平、正义。

第八条　律师应当注重职业修养，珍视和维护律师职业声誉，以法律法规以及社会公认的道德规范约束自己的业内外言行，以影响、加强公众对于法律权威的信服与遵守。

第九条　律师必须保守国家机密、委托人的商业秘密及个人隐私。

第十条　律师应当努力钻研业务，不断提高执业水平。

第十一条　律师必须尊重同行，公平竞争，同业互助。

第十二条　律师应当关注、积极参加社会公益事业。

第十三条　律师必须遵守律师协会章程，履行会员义务。

★ **思考题**

1. 如何理解执业律师应当诚实守信、勤勉尽责、尽职尽责地维护委托人的合法利益？

2. 如何正确理解执业律师应当尊重同行，同业互助，公平竞争？

相关资源

1.《律师职业道德和执业纪律规范》。

2.《律师执业行为规范（试行）》。

3. 李红丽："论律师职业道德的特点"，载《法制与社会》2008 年第 21 期。

4. 郭正怀、肖世杰："刑辩律师职业伦理之塑造"，载《中国刑事法杂志》2011 年第 6 期。

5. 胡祥甫："律师的人格、品格与风格"，载《中国律师》2010 年第 7 期。

6. 罗玉川："律师文化与传统法制理念冲突刍议"，载《法制与社会》2011 年第 16 期。

7. 张翌日："律师职业道德的问题与对策探析"，载《法制与社会》2010 第 30 期。

讨论交流

在律师执业过程中，少数执业律师存在严重违反律师职业道德的行为，主要表现为：

第一，少数执业律师不讲诚信，通过媒体及各种途径作虚假宣传，在办理案件过程中，不能本着勤勉尽责和诚实守信的原则办理案件，而是作虚假承诺，误导当事人，严重损害律师行业形象。

第二，保守职业秘密是执业律师应该遵守的行为规范，也是执业律师应当具有的职业操守，但少数执业律师竟然利用其办理案件之便，将其所知悉的当事人情况以及从当事人处所获得的内部资料、信息提供给案件的对方当事人，并从中获取不正当利益，给其委托人造成了严重的经济损失。

第三，少数执业律师为了推广其律师业务，采取不正当手段，用金钱等物质利诱拉关系，与司法机关形成利益共同体，再将这些不正当的金钱、利益关系作为自身发展业务的资本，造成大量的"金钱案"、"关系案"的存在，严重玷污了法律的尊严。

问题

（1）我们应当怎样认识律师职业道德，其有何特点？

（2）我们应当如何加强律师职业道德建设，避免上述执业律师的违法行为？

学习单元二　执业律师的执业纪律

👉 导　学

一、学习目的和要求

了解和掌握执业律师的执业纪律的具体内容。

二、学习重点和难点

正确理解和掌握执业律师在执业机构中应当遵守的执业纪律，以及执业律师在与委托人、对方当事人的关系方面应当遵守的执业纪律。

学习本单元要注意的是，执业律师的执业纪律，是指执业律师在执业活动中必须遵守的行为准则。

👉 学习内容

执业律师的执业纪律，是指执业律师在执业活动中必须遵守的行为准则。根据中华全国律师协会 2002 年修订通过的《律师职业道德和执业纪律规范》第三章、第四章、第五章、第六章的规定，以及 2004 年中华全国律师协会通过的《律师执业行为规范（试行）》第五章、第六章、第七章、第八章、第九章、第十章、第十一章的规定，以及最高人民法院、司法部于 2004 年 3 月

19 日联合发布的《关于规范法官和律师相互关系维护司法公正的若干规定》的相关规定，执业律师的执业纪律主要包括以下内容：

一、执业律师在执业机构中应遵守的执业纪律

（一）律师事务所是律师的执业机构，律师的执业活动必须接受律师事务所的监督和管理

执业律师应当在律师事务所执业，因此，律师事务所是执业律师的执业机构，律师事务所均有自己的执业纪律和规章制度，执业律师在执业过程中应当接受律师事务所的管理和监督。

（二）执业律师不得同时在两个或两个以上律师事务所执业

执业律师只能在一个律师事务所执行律师职务，同时在一个律师事务所和一个法律服务所执业的视同在两个律师事务所执业。

（三）执业律师不得以个人名义私自接受委托，不得私自收取费用

我国律师事务所实行统一收案、统一收费制度，执业律师在执业过程中，不得以个人名义私自接受当事人的委托，并不得私自收取费用。

（四）执业律师不得违反律师事务所收费制度和财务纪律，挪用、私分、侵占业务收费

我国律师事务所实行统一收案、统一收费制度，并且每个律师事务所都有自己的收费标准、收费制度和财务制度，因此，执业律师不得违反律师事务所的收费制度和财务制度，挪用、私分、侵占业务收费。

（五）执业律师因执业过错给律师事务所造成损失的，应当承担相应责任

执业律师在执业过程中，因自己的故意或过失，给律师事务所造成损失，律师事务所有权追究，执业律师应当承担相应责任。

执业律师对受其指派办理事务的辅助人员出现的错误，应当采取制止或者补救措施，并承担责任。

执业律师在执业过程中，如果转换了执业机构，不得损害原所属律师事务所的利益，应当信守对其作出的保守商业秘密的承诺。

二、执业律师在诉讼、仲裁活动中应遵守的执业纪律

1. 应当遵守法庭和仲裁庭纪律，尊重法官、仲裁员，按时提交法律文件、按时出庭。执业律师作为为当事人提供法律服务的人员，在诉讼、仲裁活动中，应当遵守法庭、仲裁庭秩序，尊重法官、仲裁员，如有不同意见，应当通过正常途径进行反映、申诉，不得哄闹法庭、仲裁庭，更不得唆使当事人扰乱法庭、仲裁庭秩序。在诉讼中，执业律师应当按时提交法律文件，按时

出庭，保障法庭、仲裁庭活动的顺利进行。

2. 出庭时按规定着装，举止文明礼貌，不得使用侮辱、谩骂或诽谤性语言。执业律师出庭参加诉讼活动，应当按照规定着装，举止文明礼貌，注重律师职业形象。律师着装应当保持整洁、平整、不破损。男律师不留披肩长发，女律师不施浓妆，面容清洁，头发整齐，不佩戴过分醒目的饰物。

执业律师出庭参加诉讼活动，发言时应当举止庄重大方，尽量使用普通话，不得使用黑话、脏话等不规范的语言，可以辅以必要的手式，但应避免过于强烈的形体动作。另外，执业律师在法庭发言时，不得使用侮辱、谩骂或诽谤性语言。

此外，执业律师不得在公共场合或向传媒散布、提供与司法人员及仲裁人员的任职资格和品行有关的轻率言论。

在诉讼或仲裁案件终审前，承办案件的执业律师不得通过传媒或在公开场合发布任何可能被合理地认为损害司法公正的言论。

3. 不得以影响案件的审理和裁决为目的，与本案审判人员、检察人员、仲裁员在非办公场所接触，不得向上述人员馈赠钱物，也不得以许诺、回报或提供其他便利等方式与承办案件的执法人员进行交易。执业律师在诉讼活动过程中，必然要与审判人员、检察人员、仲裁员进行工作接触，但是，执业律师不得以影响案件的审理和裁决为目的，与上述人员私下接触和交往，更不得向上述人员馈赠钱物，或以变相馈赠钱物等方式与承办案件的执法人员进行交易。

4. 当事人委托的律师不得借法官或者其他近亲属婚丧喜庆事宜馈赠礼品、金钱、有价证券等；不得向法官请客送礼、行贿或者指使、诱导当事人送礼、行贿；不得为法官装修住宅、购买商品或者出资邀请法官进行娱乐、旅游活动；不得为法官报销任何费用；不得向法官出借交通工具、通讯工具或者其他物品。

律师不得明示或者暗示法官为其介绍代理、辩护等法律服务业务。律师不得以各种非法手段向法官打听案情，不得从事误导当事人的诉讼行为。

律师不得违反规定单方面会见法官。

5. 不得向委托人宣传自己与有管辖权的执法人员及有关人员有亲朋关系，不能利用这种关系招揽业务，并干涉或影响案件的公正处理。执业律师在执业过程中，不得向委托人吹嘘自己与有关部门和人员的特殊关系，不得利用这种关系招揽业务，从而获取当事人的信任和委托，排挤同业其他律师，形成不正当竞争，并不得利用这种关系或者以法律禁止的其他形式干涉或影响案件的公正处理。

6. 应依法取证，不得伪造证据，不得怂恿委托人伪造证据、提供虚假证词，不得暗示、诱导、威胁他人提供虚假证据。证据是指能够证明案件真实情况的一切事实。在诉讼中，一切诉讼活动均是围绕证据的收集、判断、采信而展开的，只有证据确实、充分，案件的客观事实才能查清，法庭、仲裁庭才能做出准确的裁判。在诉讼中，执业律师应当依法取证，不得伪造证据，更不得怂恿委托人伪造证据、提供虚假证词，并且不得暗示、诱导、威胁他人提供虚假证据。执业律师的上述行为，不仅违反律师职业道德和执业纪律，构成犯罪的，依法应当追究刑事责任。

另外，执业律师不得向司法机关和仲裁机构提交已明知是由他人提供的虚假证据，执业律师在已了解事实真相的情况下，不得为获得支持委托人诉讼主张或否定对方诉讼主张的司法裁判和仲裁而暗示委托人或有关人员出具无事实依据的证据。

7. 不得与犯罪嫌疑人、被告人的亲属或者其他人会见在押犯罪嫌疑人、被告人，或者借职务之便违反规定为被告人传递信件、钱物或与案情有关的信息。在刑事诉讼中，为保证犯罪嫌疑人、被告人的合法权益，法律赋予了执业律师与犯罪嫌疑人、被告人会见和通信的权利，对此权利，执业律师不得滥用，执业律师与犯罪嫌疑人、被告人会见和通信时，应当遵守有关法律、行政法规的规定，不得携带犯罪嫌疑人、被告人的亲属或其他人会见犯罪嫌疑人、被告人，或者违反规定传递信件、钱物，以及与案件有关的信息。

三、执业律师在与委托人、对方当事人的关系方面应遵守的执业纪律

（一）维护当事人合法权益

执业律师应当充分运用自己的专业知识和技能，尽心尽职地根据法律的规定完成委托事项，最大限度地维护委托人的合法利益。

（二）不应接受自己不能办理的法律事务

法律事务种类繁多，执业律师应当有自己的业务专长，在执业过程中，应当扬长避短，发挥自己的业务优势，从而在法律服务市场的竞争中立于不败之地，与此同时，执业律师不应接受自己不能办理的法律事务。

（三）诚实守信

执业律师应当遵循诚实守信的原则，客观地告知委托人所委托事项可能出现的法律风险，不得故意对可能出现的风险做不恰当的表述或虚假承诺。

并且，执业律师不得为建立委托代理关系而对委托人进行误导。

（四）自主选择实现委托人利益的方法和途径

为维护委托人的合法权益，执业律师有权根据法律的要求和道德的标准，选择完成或实现委托目的的方法。但是，对委托人拟委托的事项或者要求属于法律或律师执业规范所禁止的，执业律师应告知委托人，并提出修改建议或予以拒绝。

（五）利益冲突和回避

执业律师不得在同一案件中为双方当事人担任代理人。同一个律师事务所不得代理诉讼案件的双方当事人，偏远地区只有一律师事务所的除外。

执业律师在接受委托之前，律师及其所属律师事务所应当进行利益冲突查证。只有在委托人之间没有利益冲突的情况下才可以建立委托代理关系。

拟接受委托人委托的执业律师已经明知诉讼相对方或利益冲突方已委聘的律师是自己的近亲属或其他利害关系人的，应当予以回避，但双方委托人签发豁免函的除外。

（六）合理开支，节约费用，禁止非法牟取委托人的利益

执业律师应当合理开支办案费用，注意节约，除依照相关规定收取法律服务费用之外，执业律师不得与委托人争议的权益产生经济上的联系，不得与委托人约定胜诉后将争议标的物出售给自己，不得委托他人为自己或为自己的亲属收购、租赁委托人与他人发生争议的诉讼标的物。

（七）及时办理委托事务

执业律师应当严格按照法律规定的期限、时效以及与委托人约定的时间，及时办理委托的事务。

（八）告知工作进展情况

执业律师应及时告知委托人有关代理工作的情况，对委托人了解委托事项情况的正当要求，应当尽快给予答复。

（九）遵守当事人的委托授权范围

执业律师应当在委托授权范围内从事代理活动，如需特别授权，应当事先取得委托人的书面确认。

执业律师不得超越委托人委托的代理权限，不得利用委托关系从事与托代理的法律事务无关的活动。

（十）无正当理由，不得拒绝委托

执业律师在接受当事人委托后，无正当理由不得拒绝辩护或代理。

（十一）禁止转委托

执业律师接受当事人委托后，未经委托人同意，不得擅自将当事人委托的事项转委托他人代理，另外，非经委托人的同意，执业律师不能因为转委托而增加委托人的经济负担。

（十二）妥善保管证据、法律文书及当事人财物

执业律师应当谨慎保管委托人提供的证据和其他法律文件，保证其不丢失或毁损，并且不得挪用或者侵占代委托人保管的财物。

律师事务所受委托保管委托人财物时，应将委托人财产与律师事务所的财产严格分离。委托人的资金应保存在律师事务所所在地信用良好的金融机构的独立账号内，或保存在委托人指定的独立开设的银行账号内。委托人其他财物的保管方法应当经其书面认可。

委托人要求交还律师事务所受委托保管的委托人财物，律师事务所应向委托人索取书面的接收财物的证明，并将委托保管协议及委托人提交的接收财物证明一同存档。

律师事务所受委托保管委托人或第三人不断交付的资金或者其他财物时，执业律师应当及时书面告知委托人，即使委托人出具书面声明免除执业律师的及时告知义务，执业律师仍然应当定期向委托人发出保管财物清单。

（十三）禁止从对方当事人处获取利益

执业律师在接受当事人委托后，不得从对方当事人处接受利益或向其要求或约定利益。

（十四）禁止与对方当事人恶意串通，侵害委托人利益

执业律师在接受委托后，不得与对方当事人或第三人恶意串通，侵害委托人的权益。

（十五）禁止非法阻止和干预对方当事人及其代理人的活动

执业律师在执业活动中，不得非法阻止和干预对方当事人及其代理人进行活动。

（十六）保密义务

执业律师对与委托事项有关的保密信息，委托代理关系结束后仍有保密义务，但是，执业律师可以公开委托人授权同意披露的信息。

（十七）恪守独立、客观、公正的工作原则

执业律师在执业活动中，应当恪守独立履行职责的原则，不因迎合委托人或满足委托人的不当要求，丧失客观、公正的立场，不得协助委托人实施

非法的或具有欺诈性的行为。

四、执业律师在同行之间的关系方面应遵守的执业纪律

（一）尊重与合作

执业律师应当遵守行业竞争规范，公平竞争，自觉维护执业秩序，维护律师行业的荣誉和社会形象。执业律师应当尊重同行，相互学习，相互帮助，共同提高执业水平，不得在公众场合及传媒上发表贬低、诋毁、损害同行声誉的言论。

此外，在庭审或谈判过程中各方执业律师应互相尊重，不得使用挖苦、讽刺或者侮辱性的语言。

（二）禁止不正当竞争

执业律师不得以下列方式进行不正当竞争：

1. 贬损同行。执业律师不得以贬低同行的专业能力和水平等方式，招揽业务。

2. 支付回扣。执业律师不得以提供或承诺提供回扣等方式承揽业务。

3. 虚假宣传。执业律师不得利用新闻媒介或其他手段向其提供虚假信息或夸大自己的专业能力，不得在名片上印有各种学术、学历、非律师业职称、社会职务以及所获荣誉等。

4. 制造纠纷。执业律师不得故意在委托人与其代理律师之间制造纠纷。

5. 展示关系。执业律师不得向委托人明示或暗示执业律师或律师事务所与司法机关、政府机关、社会团体及其工作人员具有特殊关系，排斥其他律师或律师事务所，以及执业律师就法律服务结果或司法诉讼的结果做出任何没有事实及法律根据的承诺，或者明示或暗示可以帮助委托人达到不正当目的，或以不正当的方式、手段达到委托人的目的。

6. 价格竞争。执业律师不得串通抬高或者压低收费，特别是不得以明显低于同业的收费水平竞争某项法律事务，排挤竞争对手的公平竞争，损害委托人的利益或者社会公共利益。

7. 行政垄断。执业律师或律师事务所不得借助行政机关或行业管理部门的权力，或通过与某机关、某部门、某行业对某一类的法律服务事务进行垄断的方式争揽业务，或者没有法律依据地要求行政机关超越行政职权，限定委托人接受其指定的律师或律师事务所提供的法律服务，限制其他律师正当的业务竞争。

8. 宣传限制。禁止执业律师在司法机关内及附近 200 米范围内设立律师广告牌和其他宣传媒介，并且禁止执业律师向司法机关和司法人员散发附带律师广告内容的物品。

此外，执业律师和律师事务所不得擅自或非法使用社会特有名称或知名度较高的名称以及代表其名称的标志、图形文字、代号以混淆、误导委托人，并且，执业律师和律师事务所不得伪造或者冒用法律服务质量名优标志、荣誉称号，使用已获得的执业律师以及律师事务所法律服务质量名优标志、荣誉称号的应当注明获得时间和期限。

五、执业律师在与律师行业管理或行政管理机构的关系方面应遵守的执业纪律

（一）遵守法律、行政法规及律师行业管理规范

执业律师和律师事务所应当遵守司法行政管理机构制定的有关律师管理的规定、律师协会制定的律师行业规范和规则。执业律师和律师事务所享有律师协会章程规定的权利，同时应承担律师协会章程规定的义务。

（二）加入律师协会

执业律师和律师事务所应当办理入会登记手续和年度登记手续。

（三）参加培训考核

执业律师和律师事务所应当参加、完成每年由律师协会组织的律师业务学习及考核，并且，应当参加律师协会组织的律师业务研究活动，完成律师协会布置的业务研究任务。

（四）加入国际性律师组织

执业律师和律师事务所参加国际性律师组织或者其他组织并成为会员的，应当提前报律师协会批准。执业律师以中国律师身份参加境外国际性组织的，应当报律师协会备案，在上述会议作交流发言的，其发言内容亦应当报律师协会备案。

（五）违法、犯罪行为书面报告

执业律师和律师事务所因执业行为成为民事被告或被确定为犯罪嫌疑人或受到行政机关调查、处罚，应当向律师协会做出书面报告。

（六）参加公益活动

执业律师和律师事务所应当积极参加律师协会布置的公益活动。

（七）接受律师协会的纠纷调解、裁决

执业律师和律师事务所应当妥善处理律师执业中发生的各类纠纷，自觉接受律师协会及其相关机构的调解处理，并应当认真履行律师协会就律师执

业纠纷作出的裁决。

（八）按时缴纳会费

执业律师和律师事务所应当按照律师协会的有关规定，按时缴纳会费。

★ 思考题

1. 简述执业律师在执业机构中应当遵守的执业纪律的基本内容。

2. 简述执业律师在诉讼、仲裁活动中应当遵守的执业纪律的基本内容。

3. 简述执业律师在与委托人、对方当事人的关系方面应当遵守的执业纪律的基本内容。

4. 执业律师的哪些执业行为属于同行之间的不正当竞争行为？

5. 执业律师在与律师行业管理或行政管理机构的关系方面应当遵守哪些执业纪律？

相关资源

1.《律师职业道德和执业纪律规范》。

2.《律师执业行为规范（试行)》。

3.《关于规范法官和律师相互关系维护司法公正的若干规定》。

4. 柳平："扶正祛邪——关于建立律师与法官正常工作沟通机制的思考"，载《中国律师》2009 年第 7 期。

5. 陈超："论我国的律师利益冲突规则"，载《法制与社会》2009 年第 31 期。

6. 谭九生："职业协会惩戒权边界之界定"，载《法学评论》2011 年第 4 期。

7. 高憬宏、刘静坤："筑起律师与法官之间的'防火墙'——也谈正确处理刑辩律师与法官的关系"，载《中国律师》2010 年第 5 期。

8. 谢晓斌："论和谐律师法官关系之构建"，载《人民论坛》2010 年第 26 期。

讨论交流

1. 2009 年 10 月 3 日，甲公司与乙公司达成一借款意向，乙公司对甲公司称：有一大项目急需 50 万元人民币，请甲公司借给其 50 万元，使用 3 个月，以解燃眉之急，并提出利率从优。甲公司既想赚取高额利息，又怕将钱借出去遭到损失。为此，2009年10月8日，甲公司找到某律师事务所律师杨某，要求杨某帮助调查乙公司的注册及资信情况。杨某当即便称其有一朋友在某工商局，可以去查询，声称：甲公司除了如数向杨某交纳委托费用外，还要向杨某的朋友支付好处费，并且保证其朋友提供的信息是确实可靠的。甲公司当即同意。10日后，甲公司交给杨某咨询费5000元，并让杨某转交其朋友3000元，杨某没有给甲公司任何收据，只是给予甲公司8000元发票，借甲公司冲账，11月杨某找到其在工商局的朋友，托其利用工作之便查阅乙公司的资信情况，并加盖单位公章。当日，杨某将资信情况交给甲公司，甲、乙公司于次日达成借款协议。

问题

在本案中，律师杨某的执业行为是否违反律师执业纪律？

2. 被告人张某于2006年12月13日因参加械斗，致人重伤而被某区公安分局依法逮捕。2007年1月5日，张某之妻胡某找到供职于某律师事务所的律师卢某。双方商定，由卢某担任张某辩护律师，最好将张某放出来，至少也要少判几年；胡某当场交给卢某1万元现金作为酬劳。卢某在本案调查中，收集到不利于张某的有关证据，随之予以销毁。在本审理过程中，卢某告诉胡某最好向本案承办人员"表示表示"，胡即向有关人员行贿被拒绝。

问题

在本案中，律师卢某的哪些执业行为违反了律师执业纪律？

3. 李某因故意杀人，经A地检察机关批准，由公安机关依法逮捕。在侦查机关告知李某所享有的权利后，犯罪嫌疑人李某委托某律师事务所律师张某为其提供法律帮助。在办理委托手续的过程中，张某宣传自己和法院院长是好朋友，并承诺如果让其担任辩护人，定可以减轻刑罚，但要私下额外收取5万元费用。李某表示同意。在为李某提供法律帮助的过程中，张某多次替犯罪嫌疑人李某传递信件和财物，并向其透露案件的有关信息。2010年2月13日，检察机关以故意杀人罪，对李某提出公诉。在法院审理过程中，由于事实清楚，证据确凿，律师张某认为再辩护也无济于事，便拒绝为李某继续辩护。2010年4月10日，法院依法作出判决。

问题

在本案中，律师张某的哪些执业行为违反了律师执业纪律？

4. 某律师事务所为扩大自身的影响，搞高知名度和竞争力，在某媒体上进行了如下宣传：本律师事务所是本地区规模最大、人数最多、人员素质最高、声誉和效益最好的律师事务所，本所律师既有年轻有为的法学专业的本科生、研究生、博士生，也有一批退休的司法干部，他们不仅办案经验丰富而且与有关机关长期保持良好关系，并且，长期以来，本所律师在各类案件中的胜诉率较高。另外，为了更好地为社会提供优质的法律服务，本所决定实行法律援助制度和败诉赔偿制度，如果当事人无力支付律师费用的，本所将根据实际情况予以减费或者免费，并保证在同行业中实行最低收费标准。本律师事务所竭诚为社会各界提供优质的法律服务，凡为本所提供有价值的信息及案源的，本所将按案件受理的费用支付一定比例的信息费。

问题

某律师事务所的上述宣传，是否违反律师执业纪律，请说明理由。

学习单元三 执业律师的法律责任

☞ **导 学**

一、学习目的和要求

了解和掌握执业律师的法律责任的基本内容。

二、学习重点和难点

正确理解和掌握执业律师的行政责任、民事责任、刑事责任。

学习本单元要注意的是，执业律师的法律责任，是指执业律师在执业过程中或律师事务所在管理、执业过程中违反法律、行政法规、行政规章的有关规定，依法所应承担的法律后果。

☞ **学习内容**

根据我国《律师法》及相关法律、行政法规、行政规章的有关规定，执业律师的法律责任主要有行政责任、民事责任、刑事责任。

一、执业律师的行政责任

执业律师的行政责任，是指执业律师或律师事务所因违反法律、行政法规、行政规章的有关规定，依法所应承担的由司法行政机关给予的行政制裁。

（一）对执业律师进行行政处罚的种类

根据我国《律师法》及《律师和律师事务所违法行为处罚办法》的有关

规定，行政处罚的种类有如下类型：

1. 对违法执业的执业律师的行政处罚包括：

（1）警告；

（2）罚款；

（3）没收违法所得；

（4）停止执业；

（5）吊销律师执业证书。

2. 对违法执业的律师事务所的行政处罚包括：

（1）警告；

（2）罚款；

（3）没收违法所得；

（4）停业整顿；

（5）吊销律师事务所执业证书。

（二）对执业律师进行行政处罚的事由

根据我国《律师法》第6章、《律师和律师事务所违法行为处罚办法》的有关规定，对执业律师进行行政处罚的事由主要包括：

（1）同时在两个以上律师事务所执业的；

（2）以不正当手段承揽业务的；

（3）在同一案件中为双方当事人担任代理人，或者代理与本人及其近亲属有利益冲突的法律事务的；

（4）从人民法院、人民检察院离任后2年内担任诉讼代理人或者辩护人的；

（5）拒绝履行法律援助义务的；

（6）私自接受委托、收取费用，接受委托人财物或者其他利益的；

（7）接受委托后，无正当理由，拒绝辩护或者代理，不按时出庭参加诉讼或者仲裁的；

（8）利用提供法律服务的便利牟取当事人争议的权益的；

（9）泄露商业秘密或者个人隐私的；

（10）违反规定会见法官、检察官、仲裁员以及其他有关工作人员，或者以其他不正当方式影响依法办理案件的；

（11）向法官、检察官、仲裁员以及其他有关工作人员行贿，介绍贿赂或者指使、诱导当事人行贿的；

（12）向司法行政部门提供虚假材料或者有其他弄虚作假行为的；

（13）故意提供虚假证据或者威胁、利诱他人提供虚假证据，妨碍对方当事人合法取得证据的；

（14）接受对方当事人财物或者其他利益，与对方当事人或者第三人恶意串通，侵害委托人权益的；

（15）扰乱法庭、仲裁庭秩序，干扰诉讼、仲裁活动的正常进行的；

（16）煽动、教唆当事人采取扰乱公共秩序、危害公共安全等非法手段解决争议的；

（17）发表危害国家安全、恶意诽谤他人、严重扰乱法庭秩序的言论的；

（18）泄露国家秘密的；

（19）违反规定携带非律师人员会见在押犯罪嫌疑人、被告人或者在押罪犯，或者在会见中违反有关管理规定的；

（20）向司法行政机关或者律师协会提供虚假材料、隐瞒重要事实或者有其他弄虚作假行为的；

（21）在受到停止执业处罚期间继续执业，或者在律师事务所被停业整顿期间、注销后继续以原所名义执业的；

（22）有其他违法或者有悖律师职业道德，严重损害律师职业形象的。

法条链接：

《中华人民共和国律师法》

第四十七条　律师有下列行为之一的，由设区的市级或者直辖市的区人民政府司法行政部门给予警告，可以处 5000 元以下的罚款；有违法所得的，没收违法所得；情节严重的，给予停止执业 3 个月以下的处罚：

（一）同时在两个以上律师事务所执业的；

（二）以不正当手段承揽业务的；

（三）在同一案件中为双方当事人担任代理人，或者代理与本人及其近亲属有利益冲突的法律事务的；

（四）从人民法院、人民检察院离任后 2 年内担任诉讼代理人或者辩护人的；

（五）拒绝履行法律援助义务的。

第四十八条　律师有下列行为之一的，由设区的市级或者直辖市的区人民政府司法行政部门给予警告，可以处 1 万元以下的罚款；有违法所得的，没收违法所得；情节严重的，给予停止执业 3 个月以上 6 个月以下的处罚：

（一）私自接受委托、收取费用，接受委托人财物或者其他利益的；

（二）接受委托后，无正当理由，拒绝辩护或者代理，不按时出庭参加诉讼或者仲裁的；

（三）利用提供法律服务的便利牟取当事人争议的权益的；

（四）泄露商业秘密或者个人隐私的。

第四十九条　律师有下列行为之一的，由设区的市级或者直辖市的区人民政府司法行政部门给予停止执业6个月以上1年以下的处罚，可以处5万元以下的罚款；有违法所得的，没收违法所得；情节严重的，由省、自治区、直辖市人民政府司法行政部门吊销其律师执业证书；构成犯罪的，依法追究刑事责任：

（一）违反规定会见法官、检察官、仲裁员以及其他有关工作人员，或者以其他不正当方式影响依法办理案件的；

（二）向法官、检察官、仲裁员以及其他有关工作人员行贿，介绍贿赂或者指使、诱导当事人行贿的；

（三）向司法行政部门提供虚假材料或者有其他弄虚作假行为的；

（四）故意提供虚假证据或者威胁、利诱他人提供虚假证据，妨碍对方当事人合法取得证据的；

（五）接受对方当事人财物或者其他利益，与对方当事人或者第三人恶意串通，侵害委托人权益的；

（六）扰乱法庭、仲裁庭秩序，干扰诉讼、仲裁活动的正常进行的；

（七）煽动、教唆当事人采取扰乱公共秩序、危害公共安全等非法手段解决争议的；

（八）发表危害国家安全、恶意诽谤他人、严重扰乱法庭秩序的言论的；

（九）泄露国家秘密的。

律师因故意犯罪受到刑事处罚的，由省、自治区、直辖市人民政府司法行政部门吊销其律师执业证书。

（三）对律师事务所进行行政处罚的事由

根据我国《律师法》第六章、《律师和律师事务所违法行为处罚办法》的有关规定，对律师事务所进行行政处罚的事由包括：

（1）使用未经核定的律师事务所名称从事活动，或者擅自改变、出借律师事务所名称的；

（2）变更名称、章程、负责人、合伙人、住所、合伙协议等事项，未在规定的时间内办理变更登记的；

（3）采取不正当手段，阻挠合伙人、合作人、律师退所的；

（4）将不符合规定条件的人员发展为合伙人、合作人或者推选为律师事务所负责人的；

（5）不按规定统一接受委托、签订书面委托合同和收费合同，统一收取委托人支付的各项费用，或者不按规定统一保管、使用律师服务专用文书、财务票据、业务档案的；

（6）不向委托人开具律师服务收费合法票据，或者不向委托人提交办案费用开支有效凭证的；

（7）违反律师服务收费管理规定或者收费合同约定，擅自扩大收费范围，提高收费标准，或者索取规定、约定之外的其他费用的；

（8）未经批准，擅自在住所以外的地方设立办公点、接待室，或者擅自设立分支机构的；

（9）聘用律师或者其他工作人员，不按规定与应聘者签订聘用合同，不为其办理社会统筹保险的；

（10）恶意逃避律师事务所及其分支机构债务的；

（11）利用媒体、广告或者其他方式进行不真实或者不适当的宣传的；

（12）采用支付介绍费、给回扣、许诺利益等不正当方式争揽业务的；

（13）利用与司法机关、行政机关或者其他具有社会管理职能组织的关系，进行不正当竞争的；

（14）捏造、散布虚假事实，损害、诋毁其他律师事务所和律师声誉的；

（15）在同一案件中，委派本所律师为双方当事人或者有利益冲突的当事人代理、辩护的，但本县（市）内只有一家律师事务所，并经双方当事人同意的除外；

（16）泄露当事人的商业秘密或者个人隐私的；

（17）向司法行政机关、律师协会提供虚假证明材料、隐瞒重要事实或者有其他弄虚作假行为的；

（18）允许或者默许受到停止执业处罚的本所律师继续执业的；

（19）采用出具或者提供律师事务所介绍信、律师服务专用文书、收费票据等方式，为尚未取得律师执业证的人员或者其他律师事务所的律师违法执业提供便利的；

（20）为未取得律师执业证的人员印制律师名片、标志或者出具其他有关律师身份证明，或者已知本所人员有上述行为而不予制止的；

（21）允许或者默许本所律师为承办案件的法官、检察官、仲裁员购买商品、出资旅游、报销费用、装修住宅，或者提供交通、通讯工具的；

（22）不依法纳税的；

（23）受到停业整顿处罚后拒不改正，或者在停业整顿期间继续执业的；

（24）向法官、检察官、仲裁员或者其他有关工作人员行贿的；

（25）有其他违法行为，应当给予处罚的。

法条链接：

《中华人民共和国律师法》

第五十条　律师事务所有下列行为之一的，由设区的市级或者直辖市的区人民政府司法行政部门视其情节给予警告、停业整顿1个月以上6个月以下的处罚，可以处10万元以下的罚款；有违法所得的，没收违法所得；情节特别严重的，由省、自治区、直辖市人民政府司法行政部门吊销律师事务所执业证书：

（一）违反规定接受委托、收取费用的；

（二）违反法定程序办理变更名称、负责人、章程、合伙协议、住所、合伙人等重大事项的；

（三）从事法律服务以外的经营活动的；

（四）以诋毁其他律师事务所、律师或者支付介绍费等不正当手段承揽业务的；

（五）违反规定接受有利益冲突的案件的；

（六）拒绝履行法律援助义务的；

（七）向司法行政部门提供虚假材料或者有其他弄虚作假行为的；

（八）对本所律师疏于管理，造成严重后果的。

律师事务所因前款违法行为受到处罚的，对其负责人视情节轻重，给予警告或者处2万元以下的罚款。

第五十一条　律师因违反本法规定，在受到警告处罚后1年内又发生应当给予警告处罚情形的，由设区的市级或者直辖市的区人民政府司法行政部门给予停止执业3个月以上1年以下的处罚；在受到停止执业处罚期满后2年内又发生应当给予停止执业处罚情形的，由省、自治区、直辖市人民政府司法行政部门吊销其律师执业证书。

律师事务所因违反本法规定，在受到停业整顿处罚期满后2年内又发生应当给予停业整顿处罚情形的，由省、自治区、直辖市人民政府司法行政部门吊销律师事务所执业证书。

二、执业律师的民事责任

执业律师的民事责任，是指执业律师和律师事务所在执业过程中，因律师违法执业或过错给当事人的合法权益造成损害时，而应当承担的民事法律上的不利后果。

根据我国《律师法》第 54 条的规定，律师违法执业或者因过错给当事人造成损失的，由其所在的律师事务所承担赔偿责任。律师事务所赔偿后，可以向有故意或者重大过失行为的律师追偿。

执业律师的民事责任，其实质就是民事损害赔偿责任，因此应当适用有关民事损害赔偿的有关法律规定，具体内容如下：

1. 执业律师必须实施了侵害当事人合法权益的行为。这种侵害行为包括：与对方当事人恶意串通，泄露当事人的商业秘密或者个人隐私，接受委托后，无正当理由，拒绝辩护或者代理，不按时出庭参加诉讼或者仲裁等。

2. 执业律师主观上存在过错。所谓主观上存在过错，是指执业律师在执业过程中，实施侵害当事人合法权益的行为是由于主观上存在故意或者过失，例如无故拖延导致委托事项超过诉讼时效，从而导致当事人的合法权益受到损害等。

3. 执业律师的执业行为具有违法性。执业律师的执业行为违反法律、行政法规、行政规章的有关规定，例如执业律师接受对方当事人财物或者其他利益，与对方当事人或第三人恶意串通，侵害委托人的合法权益等。

4. 执业律师的违法行为必须发生在执业过程中。如果执业律师给当事人合法权益造成损害的行为不是发生在律师执业过程中，则不属于律师民事赔偿责任的范围，而应由律师个人承担相应的民事责任及其他责任。

如果律师违法执业或者因过错给当事人造成损失的，首先应由其所在的律师事务所承担赔偿责任。根据我国《律师法》第 15 条、第 16 条、第 19 条、第 20 条的相关规定，律师事务承担民事责任的范围可以分为以下三种：①合伙律师事务所的合伙人按照合伙形式对该律师事务所的债务依法承担相应责任；②个人律师事务所的设立人对该律师事务所的债务承担无限责任；③国家出资设立的律师事务所以其全部资产对其债务承担责任。律师事务所在承担民事赔偿责任以后，认为需要向有故意或过失行为的执业律师追偿的，该执业律师的民事赔偿责任一般应以律师事务所向当事人承担的赔偿数额为限。

三、执业律师的刑事责任

执业律师的刑事责任，是指执业律师和律师事务所在执业过程中，实施了刑法所禁止的犯罪行为，而应承担的刑事法律上的不利后果。根据我国《律师法》第49条的规定，以及我国《刑法》的有关规定，执业律师和律师事务所在执业过程中可能构成以下犯罪：

1. 泄露国家秘密罪。我国《刑法》第398条规定，国家机关工作人员违反国家保密法的规定，故意或过失泄露国家秘密，情节严重的，处3年以下有期徒刑或者拘役；情节特别严重的，处3年以上7年以下有期徒刑。非国家工作人员犯前款罪的，依照前款规定酌情处理。

执业律师在执业过程中，应当保守国家秘密，故意或过失泄露国家秘密，情节严重的，将依法构成泄露国家秘密罪，并依法承担相应的法律责任。

2. 行贿罪、介绍贿赂罪。

（1）行贿罪。我国《刑法》第389条规定，为谋取不正当利益，给予国家工作人员以财物的，是行贿罪。第390条规定，对犯行贿罪的，处5年以下有期徒刑或者拘役；因行贿谋取不正当利益，情节严重的，或者使国家利益遭受重大损失的，处5年以上10以下有期徒刑；情节特别严重的，处10年以上有期徒刑或者无期徒刑，可以并处没收财产。

此外，我国《刑法》还规定了单位行贿罪，《刑法》第393条规定，单位为谋取不正当利益而行贿，或者违反国家规定，给予国家工作人员以回扣、手续费，情节严重的，对单位判处罚金，并对其直接负责的主管人员和其他直接责任人员，处5年以下有期徒刑或者拘役。因行贿取得的违法所得归个人所有的，依照本法第389条、第390条的规定定罪处罚。

（2）介绍贿赂罪。我国《刑法》第392条规定，向国家工作人员行贿，情节严重的，处3年以下有期徒刑或者拘役。介绍贿赂人在被追诉之前主动交代介绍贿赂行为的，可以减轻处罚或者免除处罚。

执业律师在执业过程中，如果向有关国家工作人员行贿、介绍贿赂，将依法构成行贿罪或者介绍贿赂罪，并应承担相应的法律责任。

3. 毁灭证据、伪造证据罪。我国《刑法》第306条规定，在刑事诉讼中，辩护人、诉讼代理人毁灭证据、伪造证据，帮助当事人毁灭证据、伪造证据，威胁、引诱证人违背事实改变证言或者作伪证的，处3年以下有期徒刑。情节严重的，处3年以上7年以下有期徒刑。

应当注意的是，辩护人、诉讼代理人提供、出示、引用的证人证言或者其他证据失实，不是故意伪造的，不应当属于伪造证据。

执业律师在刑事诉讼中，担任辩护人或诉讼代理人，实施了上述妨碍证据的行为，将构成毁灭证据、伪造证据罪，并应承担相应的法律责任。

4. 扰乱法庭秩序罪。我国《刑法》第 309 条的规定，聚众哄闹、冲击法庭，或者殴打司法工作人员，严重扰乱法庭秩序的，处 3 年以下有期徒刑、拘役、管制或者罚金。

执业律师在执业过程中，应当遵守法庭秩序，尊重法官，如有不同意见，应当通过正常途径进行反映、申诉，不得哄闹法庭，更不得唆使当事人扰乱法庭秩序或者殴打司法工作人员，如果执业律师违反法律规定，聚众哄闹、冲击法庭，或者殴打司法工作人员，严重扰乱法庭秩序的，将承担相应的刑事法律责任。

5. 故意或过失提供虚假证明文件罪。我国《刑法》第 229 条规定，承担资产评估、验资、验证、会计、审计、法律服务等职责的中介组织的人员故意提供虚假证明文件，情节严重的，处 5 年以下有期徒刑或者拘役，并处罚金。

前款规定的人员，索取他人财物或者非法收受他人财物，犯前款罪的，处 5 年以上 10 年以下有期徒刑，并处罚金。

第 1 款规定的人员，严重不负责任，出具的证明文件有重大失实，造成严重后果的，处 3 年以下有期徒刑或者拘役，并处或者单处罚金。

另外，我国《刑法》第 231 条规定，单位犯本节第 221 条至第 230 条规定之罪的，对单位判处罚金，并对其直接负责的主管人员和其他直接责任人员，依照本节各该条的规定处罚。

执业律师和律师事务所在执业过程中，故意或过失提供虚假证明文件，情节严重的，将构成故意或过失提供虚假证明文件罪，并依法承担相应的法律责任。

★ 思考题

1. 简述对执业律师、律师事务所进行行政处罚的事由。
2. 如何正确认识执业律师在执业过程中所应承担的民事责任？
3. 如何正确认识执业律师在执业过程中所应承担的刑事责任？

相关资源

1. 《中华人民共和国律师法》。
2. 《律师和律师事务所违法行为处罚办法》。
3. 《中华人民共和国刑法》。
4. 孙文胜："我国律师的执业赔偿责任"，载《河北法学》2006 年第 2 期。
5. 阎丽军："律师刑事责任豁免权必要性刍议"，载《兰州学刊》2007 年第 2 期。
6. 李佳："律师执业赔偿制度探析"，载《法制与社会》2008 年第 2 期。
7. 雷娟："律师惩戒处分的性质及可诉性探析"，载《法制与社会》2009 年第 2 期。
8. 袁仕祥："律师执业损害赔偿责任若干问题初探"，载《学理论》2009 年第 23 期。
9. 毛剑平："专业化带动制度化　北京律协推出国内首部律师社会责任报告"，载《中国律师》2010 年第 12 期。
10. 王永杰："律师伪证罪的立案启动与规制完善"，载《社会科学》2011 年第 7 期。

讨论交流

1. 我国 1997 年《刑法》第 306 条规定了律师毁灭证据、伪造证据罪，自该罪名设立以来，对于该罪名的争论和诟病就不绝于耳，《刑法》第 306 条被称为悬在刑事辩护律师头上的达摩克利斯之剑，更有全国人大代表专门提出取消《刑法》第 306 条的议案，法学理论界也多次掀起了研究热潮，从刑法学、刑事诉讼法学以及宪法学等学科角度对该项法律条文进行详细的研究。

问题

（1）我们应当怎样认识《刑法》第 306 条的规定？

（2）谈谈您对《刑法》第 306 条的看法。

2. 2000 年 10 月 10 日，甲有限责任公司聘请某合伙律师事务所的合伙律师张某为法律顾问，双方签订了聘用协议。协议规定：甲方（某公司）向乙方（张某）支付本年度法律顾问费 7 万元人民币，在本年度中，乙方负责甲方的合同审查，为甲方出具法律意见书等业务，且不得另行收费。若因乙方的过错导致甲方的损失，乙方应全部赔偿。2000 年 12 月 15 日，甲有限责任公司向张某所在的律师事务所支付了人民币 7 万元。2000 年 12 月 25 日，甲有限责任公司递交一份合同给张某审查，并要求调查对方当事人的资信情况。由于张某事务缠身，未经调查，便撰写了一份对方当事人资信很好的法律意见书，与合同一并交回甲有限责任公司。甲有限责任公司根据张某的法律意见书，与对方签订了价值 30 万元的合同。合同签订后，甲有限责任公司如期付款后，迟迟不见对方发货，后经多方查证，对方早已人去楼空，甲有限责任公司遭受了巨大的经济损失。

问题

（1）在本案中，律师张某所在的律师事务所应承担怎样的法律责任？

（2）在本案中，律师张某应承担怎样的法律责任？

 第七章

执业律师在刑事诉讼中的辩护与代理

学习单元一 执业律师在刑事诉讼中的辩护

☞ 导　学

一、学习目的和要求

了解和掌握刑事诉讼中律师辩护的概念、意义、种类以及辩护律师的权利与义务。

二、学习重点和难点

理解和掌握执业律师在刑事诉讼中的权利与义务，以及在诉讼各阶段中的基本工作内容。

学习本单元要注意的是，执业律师在刑事侦查程序中的地位问题，根据我国《刑事诉讼法》第33条的规定，犯罪嫌疑人自被侦查机关第一次讯问或者采取强制措施之日起，有权委托辩护人；在侦查期间，只能委托律师作为辩护人。因此，执业律师可以介入刑事侦查程序，为犯罪嫌疑人提供辩护。

☞ 学习内容

一、刑事诉讼中律师辩护制度概述

（一）律师辩护制度的概念与意义

律师辩护制度，是指宪法和法律规定的，为保障犯罪嫌疑人、被告人的合法权利而规定的有关辩护权及其行使、辩护原则、辩护人的权利与义务等所有法律规范的总和。

律师辩护制度，是刑事辩护制度的重要组成部分，在刑事诉讼中乃至整个法律体系中具有重要的意义：

1. 律师辩护制度有利于充分保障犯罪嫌疑人、被告人的合法权益。在刑事诉讼中，犯罪嫌疑人、被告人由于人身自由受到限制，或知识文化水平的制约等多种因素的限制，往往难以充分、有效的行使辩护权，辩护律师由于具备专业法律知识及丰富的诉讼经验，能够更好地为被告人提供法律服务，维护其合法权益。

2. 律师辩护制度有利于提高刑事诉讼的质量。在刑事诉讼中，控辩对抗，各自从不同的角度分析论证证据和案件事实，以及案件应当适用的法律，无疑有助于中立的法庭从不同的角度了解案件事实，从而全面、客观的认定案件事实、提高案件事实认定的准确性，并正确地适用法律。

3. 律师辩护制度是程序正义的具体体现，有利于促进司法公正。律师辩护制度有利于充分保障犯罪嫌疑人、被告人的合法权益，有利于提高刑事诉讼的质量，更为重要的是律师辩护制度的存在，体现了程序正义，有利于促进司法公正。刑事诉讼的公正性，不仅体现在诉讼结果的公正性，更为重要的是，整个诉讼的过程应当公开，整个诉讼程序应当保障犯罪嫌疑人、被告人及其辩护律师充分地行使其辩护的权利，使审判法庭能够从不同的角度看待案件中的证据和案件事实，并正确适用法律。

（二）律师辩护的种类

根据我国《律师法》、《刑事诉讼法》的有关规定，律师辩护的种类有：

1. 委托辩护。委托辩护，是指执业律师接受犯罪嫌疑人、被告人及其法定代理人或亲友的委托，为维护被告人的合法权益所进行的辩护。

2. 指定辩护。指定辩护，是指执业律师接受人民法院指定，参与刑事诉讼，依法为特定的被告人进行辩护。

法条链接：

《中华人民共和国律师法》

第四十二条　律师、律师事务所应当按照国家规定履行法律援助义务，为受援人提供符合标准的法律服务，维护受援人的合法权益。

《中华人民共和国刑事诉讼法》

第三十三条　犯罪嫌疑人自被侦查机关第一次讯问或者采取强制措施之日起，有权委托辩护人；在侦查期间，只能委托律师作为辩护人。被告人有权随时委托辩护人。

侦查机关在第一次讯问犯罪嫌疑人或者对犯罪嫌疑人采取强制措施的时候，应当告知犯罪嫌疑人有权委托辩护人。人民检察院自收到移送审查起诉的案件材料之日起 3 日以内，应当告知犯罪嫌疑人有权委托辩护人。人民法院自受理案件之日起 3 日以内，应当告知被告人有权委托辩护人。犯罪嫌疑人、被告人在押期间要求委托辩护人的，人民法院、人民检察院和公安机关应当及时转达其要求。

犯罪嫌疑人、被告人在押的，也可以由其监护人、近亲属代为委托辩护人。

辩护人接受犯罪嫌疑人、被告人委托后，应当及时告知办理案件的机关。

第三十四条 犯罪嫌疑人、被告人因经济困难或者其他原因没有委托辩护人的，本人及其近亲属可以向法律援助机构提出申请。对符合法律援助条件的，法律援助机构应当指派律师为其提供辩护。

犯罪嫌疑人、被告人是盲、聋、哑人，或者是尚未完全丧失辨认或者控制自己行为能力的精神病人，没有委托辩护人的，人民法院、人民检察院和公安机关应当通知法律援助机构指派律师为其提供辩护。

犯罪嫌疑人、被告人可能被判处无期徒刑、死刑，没有委托辩护人的，人民法院、人民检察院和公安机关应当通知法律援助机构指派律师为其提供辩护。

（三）辩护律师的诉讼地位、权利与义务

1. 辩护律师的诉讼地位。在刑事诉讼中，辩护律师具有独立的诉讼地位，辩护律师依法执行律师职务，受国家法律保护，不受任何单位、个人干涉。辩护律师独立的诉讼地位体现在：①辩护律师依法执行律师职务，不受控方意志的约束。②辩护律师依法执行律师职务，不受审判人员意志的约束。③辩护律师依法执行律师职务，不受当事人意志的约束，有权按照自己的意志，根据事实和法律，提出有利于被告人的材料和意见。

综上所述，辩护律师在刑事诉讼中具有独立的诉讼地位，只忠于宪法和法律，忠于案件事实，依据案件事实和法律维护被告人的合法权益。

法条链接：

《中华人民共和国律师法》

第三条 律师执业必须遵守宪法和法律，恪守律师职业道德和执业纪律。

律师执业必须以事实为根据，以法律为准绳。

律师执业应当接受国家、社会和当事人的监督。

律师依法执业受法律保护，任何组织和个人不得侵害律师的合法权益。

《中华人民共和国刑事诉讼法》

第三十五条 辩护人的责任是根据事实和法律，提出犯罪嫌疑人、被告人无罪、罪轻或者减轻、免除其刑事责任的材料和意见，维护犯罪嫌疑人、被告人的诉讼权利和其他合法权益。

2. 辩护律师的权利。根据我国《律师法》、《刑事诉讼法》的有关规定，在刑事诉讼中，辩护律师具有如下权利：①根据事实和法律独立进行辩护的权利；②查阅、摘抄、复制本案诉讼材料的权利；③同在押的犯罪嫌疑人、被告人会见和通信的权利；④向有关单位和个人收集证据和申请人民检察院、人民法院调查、取证的权利；⑤出席法庭并进行提问、质证、辩论、申请通知新的证人到庭、调取新的物证、重新鉴定或者勘验的权利；⑥获取诉讼文书副本的权利；⑦经被告人同意后提起上诉的权利；⑧拒绝辩护的权利；⑨控告的权利，即辩护律师对审判人员、检察人员和侦查人员侵犯其诉讼权利和人身权利的行为，有权向有关机关提出控告。

法条链接：

《中华人民共和国律师法》

第三十一条 律师担任辩护人的，应当根据事实和法律，提出犯罪嫌疑人、被告人无罪、罪轻或者减轻、免除其刑事责任的材料和意见，维护犯罪嫌疑人、被告人的合法权益。

第三十四条 受委托的律师自案件审查起诉之日起，有权查阅、摘抄和复制与案件有关的诉讼文书及案卷材料。受委托的律师自案件被人民法院受理之日起，有权查阅、摘抄和复制与案件有关的所有材料。

第三十五条 受委托的律师根据案情的需要，可以申请人民检察院、人民法院收集、调取证据或者申请人民法院通知证人出庭作证。

律师自行调查取证的，凭律师执业证书和律师事务所证明，可以向有关单位或者个人调查与承办法律事务有关的情况。

第三十六条 律师担任诉讼代理人或者辩护人的，其辩论或者辩护的权利依法受到保障。

《中华人民共和国刑事诉讼法》

第三十七条 辩护律师可以同在押的犯罪嫌疑人、被告人会见和通信。其他辩护人经人民法院、人民检察院许可，也可以同在押的犯罪嫌疑人、被告人会见和通信。

辩护律师持律师执业证书、律师事务所证明和委托书或者法律援助公函要求会见在押的犯罪嫌疑人、被告人的，看守所应当及时安排会见，至迟不得超过48小时。

危害国家安全犯罪、恐怖活动犯罪、特别重大贿赂犯罪案件，在侦查期间辩护律师会见在押的犯罪嫌疑人，应当经侦查机关许可。上述案件，侦查机关应当事先通知看守所。

辩护律师会见在押的犯罪嫌疑人、被告人，可以了解案件有关情况，提供法律咨询等；自案件移送审查起诉之日起，可以向犯罪嫌疑人、被告人核实有关证据。辩护律师会见犯罪嫌疑人、被告人时不被监听。

辩护律师同被监视居住的犯罪嫌疑人、被告人会见、通信，适用第1款、第3款、第4款的规定。

第三十八条　辩护律师自人民检察院对案件审查起诉之日起，可以查阅、摘抄、复制本案的案卷材料。其他辩护人经人民法院、人民检察院许可，也可以查阅、摘抄、复制上述材料。

3. 辩护律师的义务。根据我国《律师法》、《刑事诉讼法》的有关规定，在刑事诉讼中，辩护律师应当承担如下义务：①维护当事人的合法权益，提出证明犯罪嫌疑人、被告人无罪、罪轻或者减轻、免除其刑事责任的材料和意见；②忠于案件事实真相，不得伪造证据、毁灭证据或者隐匿证据，不得帮助犯罪嫌疑人、被告人伪造证据、毁灭证据或者隐匿证据，不得威胁、引诱证人改变证言或者作伪证；③按时出席法庭，遵守法庭秩序；④对执行律师职务期间获取的国家秘密、商业秘密、个人隐私，应当保密；⑤接受司法行政机关、律师协会、当事人及社会组织等对其履行律师职务的监督。

法条链接：

《中华人民共和国律师法》

第二条　本法所称律师，是指依法取得律师执业证书，接受委托或者指定，为当事人提供法律服务的执业人员。

律师应当维护当事人合法权益，维护法律正确实施，维护社会公平和正义。

第三条　律师执业必须遵守宪法和法律，恪守律师职业道德和执业纪律。

律师执业必须以事实为根据，以法律为准绳。

律师执业应当接受国家、社会和当事人的监督。

律师依法执业受法律保护，任何组织和个人不得侵害律师的合法权益。

第三十八条　律师应当保守在执业活动中知悉的国家秘密、商业秘密，不得泄露当事人的隐私。律师对在执业活动中知悉的委托人和其他人不愿泄露的情况和信息，应当予以保密。但是，委托人或者其他人准备或者正在实施的危害国家安全、公共安全以及其他严重危害他人人身、财产安全的犯罪事实和信息除外。

《中华人民共和国刑事诉讼法》

第四十二条　辩护人或者其他任何人，不得帮助犯罪嫌疑人、被告人隐匿、毁灭、伪造证据或者串供，不得威胁、引诱证人作伪证以及进行其他干扰司法机关诉讼活动的行为。

违反前款规定的，应当依法追究法律责任，辩护人涉嫌犯罪的，应当由办理辩护人所承办案件的侦查机关以外的侦查机关办理。辩护人是律师的，应当及时通知其所在的律师事务所或者所属的律师协会。

第四十六条　辩护律师对在执业活动中知悉的委托人的有关情况和信息，有权予以保密。但是，辩护律师在执业活动中知悉委托人或者其他人，准备或者正在实施危害国家安全、公共安全以及严重危害他人人身安全的犯罪的，应当及时告知司法机关。

二、辩护律师在刑事侦查程序中的工作内容

根据我国《刑事诉讼法》第 33 条的规定，犯罪嫌疑人自被侦查机关第一次讯问或者采取强制措施之日起，有权委托辩护人；在侦查期间，只能委托律师作为辩护人。此外，《刑事诉讼法》第 36 条规定，辩护律师在侦查期间可以为犯罪嫌疑人提供法律帮助；代理申诉、控告；申请变更强制措施；向侦查机关了解犯罪嫌疑人涉嫌的罪名和案件有关情况，提出意见。据此，执业律师可以参与刑事侦查程序，为犯罪嫌疑人提供法律帮助和辩护，其主要工作内容如下：

1. 为犯罪嫌疑人提供法律咨询。该项工作的主要内容包括，向犯罪嫌疑人解释其涉嫌犯罪的性质、构成要件、量刑情节、诉讼权利和义务，以及解答犯罪嫌疑人提出的与本案有关的法律问题。

2. 代理申诉、控告。当侦查机关侵犯犯罪嫌疑人的合法权益时，执业律师可以代其向有关机构进行申诉、控告。

3. 为犯罪嫌疑人申请取保候审。如果已被羁押的犯罪嫌疑人符合取保候审的条件，执业律师可以根据其本人或亲属的要求，为其申请取保候审。

特别值得注意的是，辩护律师在侦查程序中会见犯罪嫌疑人，不得向其核实有关证据，而自案件侦查终结，移送审查起诉之日起，才可以向犯罪嫌疑人核实有关证据。

法条链接：

《中华人民共和国刑事诉讼法》

第三十三条 犯罪嫌疑人自被侦查机关第一次讯问或者采取强制措施之日起，有权委托辩护人；在侦查期间，只能委托律师作为辩护人。

第三十六条 辩护律师在侦查期间可以为犯罪嫌疑人提供法律帮助；代理申诉、控告；申请变更强制措施；向侦查机关了解犯罪嫌疑人涉嫌的罪名和案件有关情况，提出意见。

第三十七条 辩护律师会见在押的犯罪嫌疑人、被告人，可以了解案件有关情况，提供法律咨询等；自案件移送审查起诉之日起，可以向犯罪嫌疑人、被告人核实有关证据。辩护律师会见犯罪嫌疑人、被告人时不被监听。

三、辩护律师在审查起诉程序中的工作内容

根据我国《律师法》、《刑事诉讼法》的有关规定，辩护律师在审查起诉程序中的工作内容如下：

（一）查阅、摘抄、复制本案的卷宗材料

通过查阅、摘抄、复制案卷卷宗材料，辩护律师可以了解案件的主要证据和侦查机关对本案的看法和观点，为下一步的辩护做好准备。

（二）同在押的犯罪嫌疑人会见和通信

同在押的犯罪嫌疑人会见和通信时，辩护律师应当做好以下工作：

1. 做好会见准备工作，拟定询问思路和询问提纲。

2. 在会见犯罪嫌疑人时，确定委托辩护关系，要求犯罪嫌疑人在委托书上签名。

3. 向犯罪嫌疑人说明辩护律师职责和辩护的意义。

4. 向犯罪嫌疑人解释其享有的诉讼权利。

5. 向犯罪嫌疑人了解有关司法机关在办案过程中是否有违法行为，如有证据证明违法行为，应当向有关机构提出控告。

6. 向犯罪嫌疑人解释涉嫌罪名的含义、犯罪构成、询问其意见，听取其有罪的陈述和无罪的辩解。

7. 必要时与犯罪嫌疑人通信。

（三）调查取证

辩护律师在调查取证时，应当注意以下问题：

1. 应当向被调查人出示律师执业证书和律师事务所专用调查证明。

2. 在向证人和有关单位或个人调查取证时，应征得其同意，若被拒绝，可以申请人民检察院收集、调查取证。

3. 向被害人或者其近亲属、被害人提供的证人调查取证时，应首先经人民检察院同意，并且经被害人或者其近亲属、被害人提供的证人同意，可以向他们收集与本案有关的材料。

4. 获取言辞证据时，应忠实于原意，不得篡改、歪曲。

5. 调查取证时，不得以威胁、引诱、欺骗等方法获取证据。

（四）根据事实和法律，向检察机关提出辩护意见

辩护律师查阅、摘抄、复制本案的卷宗材料，同在押的犯罪嫌疑人会见和通信，调查取证之后，应当根据案件事实和法律，向检察机关提出辩护意见。

（五）依法向检察机关提出解除、撤销、变更对犯罪嫌疑人采取的强制措施的意见

根据我国《刑事诉讼法》、《律师法》的有关规定，辩护律师在审查起诉阶段，如果发现侦查机关、检察机关对犯罪嫌疑人采取强制措施不当，或者强制措施超过法定期限，应当向检察机关提出，要求解除、撤销或者变更强制措施。

法条链接：

《中华人民共和国律师法》

第三十四条　受委托的律师自案件审查起诉之日起，有权查阅、摘抄和复制与案件有关的诉讼文书及案卷材料。受委托的律师自案件被人民法院受理之日起，有权查阅、摘抄和复制与案件有关的所有材料。

第三十五条　受委托的律师根据案情的需要，可以申请人民检察院、人民法院收集、调取证据或者申请人民法院通知证人出庭作证。

律师自行调查取证的，凭律师执业证书和律师事务所证明，可以向有关单位或者个人调查与承办法律事务有关的情况。

第三十六条　律师担任诉讼代理人或者辩护人的，其辩论或者辩护的权利依法受到保障。

《中华人民共和国刑事诉讼法》

第四十一条　辩护律师经证人或者其他有关单位和个人同意，可以向他们收集与本案有关的材料，也可以申请人民检察院、人民法院收集、调取证据，或者申请人民法院通知证人出庭作证。

辩护律师经人民检察院或者人民法院许可，并且经被害人或者其近亲属、被害人提供的证人同意，可以向他们收集与本案有关的材料。

第一百七十条　人民检察院审查案件，应当讯问犯罪嫌疑人，听取辩护人、被害人及其诉讼代理人的意见，并记录在案。辩护人、被害人及其诉讼代理人提出书面意见的，应当附卷。

四、辩护律师在第一审审判程序中的工作内容

根据我国《律师法》、《刑事诉讼法》的有关规定，辩护律师在第一审审判程序中的工作内容如下：

（一）做好出庭前的准备工作

辩护律师做好出庭前的准备工作，主要工作内容包括：

1. 查阅、摘抄、复制本案所指控的犯罪事实材料。

2. 认真分析、研究检察机关的起诉书。

3. 与被告人会见和通信，详细了解案件情况，听取其意见，辩护律师在出庭前与被告人会见和通信的工作内容与辩护律师在审查起诉阶段与犯罪嫌疑人会见和通信的工作内容是一致的。

4. 调查取证。辩护律师在出庭前的调查取证的工作内容及注意事项与辩护律师在审查起诉阶段的调查取证的工作内容及注意事项是一致的。

5. 参加庭前会议，提出回避、出庭证人名单、非法证据排除等与审判相关的问题。

6. 拟写辩护提纲或辩护词。辩护律师通过查阅、摘抄、复制本案所指控的犯罪事实材料，认真分析检察机关的起诉书，与被告人会见和通信，详细了解案件情况，听取其意见，并进行调查取证之后，在出庭之前，应当拟写辩护提纲或辩护词，其主要工作内容如下：①拟写法庭调查提问提纲，以便提问准确无误、有条不紊、重点突出。②拟写法庭辩护词，完整提出辩护意见。③准备法庭拟用证据的清单或备忘录，以便准确、及时、无误地提出证据等。

（二）出庭辩护

根据我国《刑事诉讼法》的有关规定，法庭审判分为五个阶段，即开庭、法庭调查、法庭辩论、被告人最后陈述、评议和宣判。在各审判阶段，辩护律师的工作内容各有侧重，具体工作内容如下：

1. 开庭阶段的辩护工作。辩护律师在开庭阶段的工作内容如下：①注意当事人是否到庭，以及身份、年龄等情况是否真实。②注意法庭组成是否合法。③注意法庭组成人员依据法律规定是否应当回避。④注意法庭是否告知被告人诉讼权利。⑤注意申请出庭的证人等有关人员是否到庭，如未到庭，应要求法庭说明理由。如认为理由不成立，可以再次申请证人等有关人员出庭，如仍不能到庭，则可以申请延期审理。⑥注意审判是否公开，如不公开审判，其理由是否成立。⑦其他事项。

法条链接：

《中华人民共和国刑事诉讼法》

第一百八十二条 人民法院决定开庭审判后，应当确定合议庭的组成人员，将人民检察院的起诉书副本至迟在开庭 10 日以前送达被告人及其辩护人。

在开庭以前，审判人员可以召集公诉人、当事人和辩护人、诉讼代理人，对回避、出庭证人名单、非法证据排除等与审判相关的问题，了解情况，听取意见。

第一百八十三条 人民法院审判第一审案件应当公开进行。但是有关国家秘密或者个人隐私的案件，不公开审理；涉及商业秘密的案件，当事人申请不公开审理的，可以不公开审理。

不公开审理的案件，应当当庭宣布不公开审理的理由。

第一百八十五条 开庭的时候，审判长查明当事人是否到庭，宣布案由；宣布合议庭的组成人员、书记员、公诉人、辩护人、诉讼代理人、鉴定人和翻译人员的名单；告知当事人有权对合议庭组成人员、书记员、公诉人、鉴定人和翻译人员申请回避；告知被告人享有辩护权利。

2. 法庭调查阶段的辩护工作。辩护律师在法庭调查阶段的工作内容如下：①认真听取公诉人或自诉人宣读起诉书。②认真听取公诉人对被告人的讯问，以及被告人的回答，如认为有不当之处，应及时向法庭提出。③认真听取控方证人等有关人员在法庭上的陈述，注意审查控方提出的物证、书证等有关证据，发现问题，及时提出并质证。④在控方举证以后，经过审判长许可，可以传唤辩方证人等有关人员出庭作证，出示物证、书证等证据。⑤在必要时，申请通知新的证人出庭、调取新的物证、申请重新鉴定或者勘验。⑥针对法庭调查阶段的有关情况，做好庭审记录。

法条链接：

《中华人民共和国刑事诉讼法》

第一百八十七条 公诉人、当事人或者辩护人、诉讼代理人对证人证言有异议，且该证人证言对案件定罪量刑有重大影响，人民法院认为证人有必要出庭作证的，证人应当出庭作证。

人民警察就其执行职务时目击的犯罪情况作为证人出庭作证，适用前款规定。

公诉人、当事人或者辩护人、诉讼代理人对鉴定意见有异议，人民法院认为鉴定人有必要出庭的，鉴定人应当出庭作证。经人民法院通知，鉴定人拒不出庭作证的，鉴定意见不得作为定案的根据。

第一百九十条   公诉人、辩护人应当向法庭出示物证，让当事人辨认，对未到庭的证人的证言笔录、鉴定人的鉴定意见、勘验笔录和其他作为证据的文书，应当当庭宣读。审判人员应当听取公诉人、当事人和辩护人、诉讼代理人的意见。

第一百九十二条   法庭审理过程中，当事人和辩护人、诉讼代理人有权申请通知新的证人到庭，调取新的物证，申请重新鉴定或者勘验。

公诉人、当事人和辩护人、诉讼代理人可以申请法庭通知有专门知识的人出庭，就鉴定人作出的鉴定意见提出意见。

法庭对于上述申请，应当作出是否同意的决定。

第 2 款规定的有专门知识的人出庭，适用鉴定人的有关规定。

3. 法庭辩论阶段的辩护工作。在法庭辩论阶段，控辩双方以法庭调查所核实的证据和事实为依据，可以就案件事实的认定和法律的适用发表自己的观点和看法，并进行广泛、深入的辩论。在法庭辩论阶段，辩护律师应当做好以下工作：①认真听取公诉人、被害人及其诉讼代理人的发言，分析其观点和看法的事实基础及法律根据，如果发现其观点和看法存在事实及法律上的错误，应当及时指出。②认真听取被告人自行辩护中的意见，如果被告人在自行辩护中提出的意见是合理合法的，辩护律师则应当在辩护意见中予以采纳。③在共同犯罪案件中，辩护律师应当认真听取其他被告人及其辩护人的发言，并应当注意其中对其委托人不利的意见和看法，并应及时反驳。④发表辩护词。⑤就案件中的重要事项，与公诉人展开辩论。

4. 被告人最后陈述阶段的辩护工作。辩护律师在被告人最后陈述阶段应做好以下工作：①依法维护被告人最后陈述的权利。②如果被告人在本阶段提出了新的事实或证据，足以影响案件的正确裁判，辩护律师则应建议法庭恢复法庭调查或者延期审理，以便进一步核实有关证据或事实。

法条链接:

《中华人民共和国刑事诉讼法》

第一百九十三条　法庭审理过程中,对与定罪、量刑有关的事实、证据都应当进行调查、辩论。

经审判长许可,公诉人、当事人和辩护人、诉讼代理人可以对证据和案件情况发表意见并且可以互相辩论。

审判长在宣布辩论终结后,被告人有最后陈述的权利。

5. 评议、宣判阶段的辩护工作。辩护律师在评议、宣判阶段应做好如下工作:①参加法庭宣判,听取判决内容,获取判决书。②及时会见被告人,听取其意见,如果被告人决定上诉,辩护律师可以代为上诉,但是,应当重新办理委托手续。

法条链接:

《中华人民共和国刑事诉讼法》

第一百九十六条　宣告判决,一律公开进行。

当庭宣告判决的,应当在 5 日以内将判决书送达当事人和提起公诉的人民检察院;定期宣告判决的,应当在宣告后立即将判决书送达当事人和提起公诉的人民检察院。判决书应当同时送达辩护人、诉讼代理人。

第一百九十七条　判决书应当由审判人员和书记员署名,并且写明上诉的期限和上诉的法院。

五、辩护律师在第二审审判程序中的工作内容

根据我国《宪法》、《刑事诉讼法》的有关规定,我国的刑事诉讼实行两审终审制,由于第二审程序与第一审程序相比,有其自身的特点,因此,辩护律师在第二审审判程序中的辩护工作应当特别注意以下问题:

1. 应当在《刑事诉讼法》规定的上诉期限内提出上诉。

2. 认真研究第一审判决书或抗诉书,了解和分析第一审法院作出判决的事实、证据、理由以及法律依据,或者检察机关提出抗诉的事实、证据、理由以及法律依据。

3. 及时会见被告人,听取其意见。

4. 认真研究第一审判决中的律师辩护意见。

5. 有针对性地进行调查取证。

6. 根据案件情况,提出完整的辩护意见。

法条链接：

《中华人民共和国刑事诉讼法》

第二百一十六条   被告人、自诉人和他们的法定代理人，不服地方各级人民法院第一审的判决、裁定，有权用书状或者口头向上一级人民法院上诉。被告人的辩护人和近亲属，经被告人同意，可以提出上诉。

附带民事诉讼的当事人和他们的法定代理人，可以对地方各级人民法院第一审的判决、裁定中的附带民事诉讼部分，提出上诉。

对被告人的上诉权，不得以任何借口加以剥夺。

六、辩护律师在死刑复核程序中的工作内容

根据我国《刑事诉讼法》的有关规定，凡是判处死刑的案件，必须经过死刑复核程序。最高人民法院复核死刑案件，高级人民法院复核死刑缓期执行的案件，都应当由审判员 3 人组成合议庭，对案件进行复核审查。因此，在死刑复核程序中，为维护被告人的合法权益，辩护律师应当提交辩护意见，以利于法庭客观公正的复核案件。辩护律师在死刑复核程序中的辩护工作主要包括以下内容：

1. 全面查阅案件卷宗，认真审查死刑判决的事实、证据、理由以及法律依据。

2. 及时会见被告人，听取其意见。

3. 认真研究死刑判决中辩护律师的辩护意见。

4. 有针对性地进行调查取证。

5. 提出完整的辩护意见，及时提交死刑复核法庭。

法条链接：

《中华人民共和国刑事诉讼法》

第二百三十五条   死刑由最高人民法院核准。

第二百三十七条   中级人民法院判处死刑缓期二年执行的案件，由高级人民法院核准。

第二百三十八条   最高人民法院复核死刑案件，高级人民法院复核死刑缓期执行的案件，应当由审判员 3 人组成合议庭进行。

第二百四十条   最高人民法院复核死刑案件，应当讯问被告人，辩护律师提出要求的，应当听取辩护律师的意见。

★ 思考题

1. 简述执业律师在刑事诉讼中的权利与义务。

2. 简述执业律师在刑事第一审审判程序中的工作内容。

3. 简述执业律师在刑事侦查程序中为犯罪嫌疑人提供法律帮助及辩护的具体内容。

相关资源

1.《中华人民共和国律师法》。

2.《中华人民共和国刑事诉讼法》。

3. 李本森："关于刑事诉讼中辩护权性质的认识"，载《中国司法》2007年第3期。

4. 顾永忠："理性、务实完善刑事辩护制度"，载《国家检察官学院学报》2011年第2期。

5. 吴纪奎："对抗式刑事诉讼改革与有效辩护"，载《中国刑事法杂志》2011年第5期。

6. 冀祥德："中国刑事辩护若干问题调查分析"，载《中国司法》2011年第7期。

讨论交流

1. 公民戴某之子戴××因参与实施共同抢劫犯罪，被公安机关依法立案侦查并采取了强制措施。2010年1月19日，公安机关将戴××抢劫一案移送当地检察院审查起诉。戴××之父早就想为其子聘请辩护人为其辩护，但其妻弟宋某提出："现在又没有开庭，请律师时间尚早，只能到法庭开庭时才能请。"带着这些疑惑，戴××之父来到某律师事务所。

问题

（1）戴某妻弟的说法是否正确？

（2）在审查起诉阶段，执业律师的工作内容主要有哪些？

2. 被告人金××故意伤害一案，××市公安局侦查终结后，于2010年11月29日移送××市检察院审查起诉。经依法审查查明：2010年9月24日傍晚，被告人金××挑柴回来，把柴放在门口，张××看到挑柴的柴铳后，对被告人金××讲，柴铳是他家的。被告人金××称，柴铳是从堂屋里拿来的。次日中午 11 时许，被告人金××与到其家中索要柴铳的张××发生口角，并挥手打了张××两个巴掌，踢了前来拉架的张××之妻两脚，致张××左耳耳膜穿孔。经××市公安局法医鉴定，张××的损伤构成轻伤。同年 11 月 16 日，被告人金××向公安机关投案自首。

被告人金××在公安、检察机关交代：张××是他亲戚，因柴铳一事，骂他是贼，他气愤之下只打了张××一个巴掌。张××的妻子赶过来用毛竹片打他，他挡了一下，毛竹片弹回去，扫在她的脚上，他没有踢她。

××市检察院认为：被告人金××的行为已构成故意伤害罪。依据我国《刑事诉讼法》的相关规定，向××市法院提起公诉，要求依法惩处。

问题

（1）作为被告人金××的辩护律师，应当进行哪些工作？

（2）作为被告人金××的辩护律师，结合案情，可为被告人金××提出哪些辩护意见？

3. 郭××，男，22 岁，原系某厂职工。郭某与女青年刘某谈恋爱，因多种原因，刘某提出分手，郭不同意并继续纠缠。某日中午，郭某来到刘家，说要再和刘某好好谈谈，刘某仍拒绝。郭某想生米做成熟饭，于是乘无别人在家之机强行将刘某奸污后逃走。刘某报案后，郭某被逮捕。法院开庭审判前，被告人委托张律师担任自己的辩护人。庭审中，张律师就起诉书中所指控的犯罪事实为被告人进行了辩护，同时对被告人进行了法制教育，要求被告人认罪服法。

问题

在本案中，辩护律师张某的辩护是否符合法律规定？

学习单元二　执业律师在刑事诉讼中的代理

 导　学

一、学习目的和要求

了解和掌握刑事诉讼中律师代理的基本内容。

二、学习重点和难点

正确理解和掌握刑事诉讼中律师代理的概念、种类，以及工作的基本

内容。

学习本单元要注意的是，刑事申诉中代理律师的工作内容。

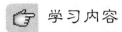 学习内容

一、刑事诉讼中律师代理制度概述

（一）刑事诉讼中律师代理的概念

刑事诉讼中的律师代理，是指执业律师根据我国《刑事诉讼法》的有关规定，接受公诉案件被害人、及其法定代理人或者其近亲属、自诉案件的自诉人及其法定代理人、附带民事诉讼当事人的委托，担任代理人参与诉讼，在授权范围内实施诉讼行为，以维护其委托人合法权益的诉讼行为。

刑事诉讼中的律师代理与律师辩护存在明显的差异，体现在：

1. 执业律师在诉讼中的职能不同。辩护律师在刑事诉讼中履行辩护职能，而代理律师承担的职能则因委托人在诉讼中的地位不同而不同，例如公诉案件被害人的代理律师，在刑事诉讼中承担的是控诉职能。

2. 执业律师在刑事诉讼中的地位不同。辩护律师在刑事诉讼中具有独立的诉讼地位，而代理律师在诉讼中没有独立的诉讼地位，只能以被代理人的名义，在授权范围内从事诉讼行为。

（二）刑事诉讼中律师代理的种类

根据我国《刑事诉讼法》第44条的规定，刑事诉讼中律师代理的种类有：

1. 公诉案件中的律师代理。执业律师接受公诉案件中被害人、及其法定代理人或者其近亲属的委托，担任被害人的代理人，参与诉讼。

2. 自诉案件中的律师代理。执业律师接受自诉案件的自诉人及其法定代理人的委托，担任自诉人的诉讼代理人，参与诉讼。

3. 附带民事诉讼中的律师代理。执业律师接受附带民事诉讼原告人、被告人及其法定代理人的委托，担任代理人参与诉讼，在授权范围内实施诉讼行为，维护委托人合法权益。

法条链接：

《中华人民共和国刑事诉讼法》

第四十四条　公诉案件的被害人及其法定代理人或者近亲属，附带民事诉讼的当事人及其法定代理人，自案件移送审查起诉之日起，有权委托诉讼代理人。自诉案件的自诉人及其法定代理人，附带民事诉讼的当事人及其法

定代理人，有权随时委托诉讼代理人。

人民检察院自收到移送审查起诉的案件材料之日起3日以内，应当告知被害人及其法定代理人或者其近亲属、附带民事诉讼的当事人及其法定代理人有权委托诉讼代理人。人民法院自受理自诉案件之日起3日以内，应当告知自诉人及其法定代理人、附带民事诉讼的当事人及其法定代理人有权委托诉讼代理人。

（三）代理律师的权利和义务

根据我国《律师法》、《刑事诉讼法》的有关规定，刑事诉讼中的代理律师享有一系列的诉讼权利，并承担相应的诉讼义务。

1. 代理律师享有的诉讼权利。①接受委托，参与诉讼的权利；②依法执行律师职务，受法律保护，不受任何单位、个人非法干涉的权利；③阅卷的权利；④调查取证的权利；⑤出席法庭、参与案件审判的权利；⑥获得诉讼文书副本的权利；⑦委托人依法授予的其他权利等。

2. 代理律师的诉讼义务。①维护委托人的合法权益；②必须以委托人的名义并在委托人授权范围内行使代理权，不得越权或擅自转委托；③不得滥用代理权，不得在同一案件中为双方当事人担任代理人；④忠于事实和法律，不得伪造证据、毁灭证据或者隐匿证据；⑤对执行律师职务期间获取的国家秘密、商业秘密、个人隐私，应当保密；⑥按时出席法庭，遵守法庭秩序和法庭纪律的义务；⑦接受司法行政机关、律师协会、当事人及社会组织等对其履行律师职务的监督。

二、公诉案件中代理律师的工作内容

公诉案件中的律师代理，是指执业律师根据我国《刑事诉讼法》的有关规定，接受公诉案件被害人、及其法定代理人或者其近亲属的委托，担任代理人参与诉讼，在授权范围内实施诉讼行为，以维护其委托人合法权益的诉讼行为。公诉案件中代理律师的工作内容如下：

1. 接受委托，签订委托合同，确定委托关系，这是代理律师参与诉讼的前提条件。

2. 如果接受被害人法定代理人或近亲属的委托，则应亲自会见被害人。

3. 查阅案件材料。

4. 会见被害人，查阅案件材料后，开展有针对性的证据调查。

5. 做好出庭前的准备工作，确定代理方案，提问提纲，拟写代理词，撰写备忘录。

6. 在符合法律规定的前提下，参与被害人与被告人之间的和解。

7. 亲自出庭，参与法庭审判，帮助被害人行使其合法权利，维护其合法权益。

8. 向委托人解释判决书或裁定书的内容，效力，听取其意见，如果被害人不服一审判决或裁定，应告知其向人民检察院提出抗诉申请，如果是二审判决或裁定，应告知其向有关机构申诉。

法条链接：

《中华人民共和国刑事诉讼法》

第二百七十七条　下列公诉案件，犯罪嫌疑人、被告人真诚悔罪，通过向被害人赔偿损失、赔礼道歉等方式获得被害人谅解，被害人自愿和解的，双方当事人可以和解：

（一）因民间纠纷引起，涉嫌刑法分则第四章、第五章规定的犯罪案件，可能判处 3 年有期徒刑以下刑罚的；

（二）除渎职犯罪以外的可能判处 7 年有期徒刑以下刑罚的过失犯罪案件。

犯罪嫌疑人、被告人在 5 年以内曾经故意犯罪的，不适用本章规定的程序。

第二百七十八条　双方当事人和解的，公安机关、人民检察院、人民法院应当听取当事人和其他有关人员的意见，对和解的自愿性、合法性进行审查，并主持制作和解协议书。

第二百一十八条　被害人及其法定代理人不服地方各级人民法院第一审的判决的，自收到判决书后 5 日以内，有权请求人民检察院提出抗诉。人民检察院自收到被害人及其法定代理人的请求后 5 日以内，应当作出是否抗诉的决定并且答复请求人。

三、自诉案件中代理律师的工作内容

自诉案件中的律师代理，是指执业律师根据我国《刑事诉讼法》的规定，接受自诉案件的自诉人及其法定代理人的委托，担任代理人参与诉讼，在授权范围内实施诉讼行为，以维护其委托人合法权益的诉讼行为。自诉案件中代理律师的工作内容如下：

1. 接受委托，签订委托合同，确定委托关系，这是代理律师参与诉讼的前提条件。

2. 如果接受自诉人的法定代理人的委托，则应亲自会见自诉人。

3. 会见自诉人，核对委托人提供的情况和材料，开展全面的证据调查。

4. 协助自诉人和被告人进行和解。

5. 撰写刑事自诉状，并提交人民法院。

6. 做好出庭前的准备工作，确定代理方案，提问提纲，拟写代理词，撰写备忘录。

7. 亲自出庭支持控诉，参与法庭审判，帮助自诉人行使其合法权利，维护其合法权益。

8. 向委托人解释判决书或裁定书的内容，效力，听取其意见，如果自诉人不服一审判决或裁定，应告知其向上一级人民法院提出上诉，如果是二审判决或裁定，应告知其向有关机构申诉。

四、附带民事诉讼中代理律师的工作内容

附带民事诉讼中的律师代理，是指执业律师根据我国《刑事诉讼法》的有关规定，接受附带民事诉讼当事人的委托，担任代理人参与诉讼，在授权范围内实施诉讼行为，以维护其委托人合法权益的诉讼行为。附带民事诉讼中代理律师的工作应注意以下问题：

1. 接受委托，签订委托合同，确定委托关系，这是代理律师参与诉讼的前提条件。

2. 在接受附带民事诉讼原告委托担任代理人时，应考虑附带民事诉讼是否成立。

3. 附带民事诉讼本质上是民事诉讼，可以与刑事案件的审理相分离，附带民事诉讼可以调解、和解结案。

4. 查阅案件材料，并进行调查取证。

5. 做好出庭前的准备工作，确定代理方案，提问提纲，拟写代理词，撰写备忘录。

6. 亲自出庭，参与法庭审判，维护委托人的合法权益。

7. 应当特别注意的是，附带民事诉讼被告人往往都是刑事案件的被告人，在司法实践中，一个执业律师可以担任刑事案件被告人的辩护人，同时担任附带民事诉讼被告人的代理人，执业律师同时担任辩护人和代理人，应当分别办理完整的授权手续。

8. 向委托人解释判决书或裁定书的内容，效力，听取其意见，如果委托人不服一审附带民事诉讼判决或裁定，应告知其向上一级人民法院提出上诉，如果是二审附带民事诉讼判决或裁定，应告知其向有关机构申诉。

五、刑事申诉中代理律师的工作内容

刑事申诉中的律师代理，是指执业律师根据我国《刑事诉讼法》的有关规定，接受被害人、被不起诉人、已被定罪量刑的犯罪人及其法定代理人或者近亲属的委托，代理其向人民检察院或者人民法院进行申诉，要求对案件进行重新审理的活动。

根据我国《刑事诉讼法》的第 176 条、第 177 条、第 241 条、第 242 条的规定，刑事申诉中的律师代理分为两种类型，即代理不起诉决定的申诉和代理生效判决、裁定的申诉。

（一）代理不起诉决定的申诉

代理不起诉决定的申诉，是指执业律师在审查起诉阶段，接受公诉案件被害人、被不起诉人及其法定代理人或者近亲属的委托，对人民检察院不起诉决定提出异议，要求重新审查的活动。执业律师代理不起诉决定的申诉，应当注意以下问题：

1. 在接受委托时，应当审查委托人是否是法律规定的被害人或者被不起诉人。

2. 在接受委托时，应审查是否符合法律规定的申诉期限。根据我国《刑事诉讼法》的有关规定，对不起诉决定进行申诉的，应当在不起诉书送达后 7 日内提出。

3. 在接受委托后，应当查阅卷宗，调查收集相应证据，全面了解案情。

4. 撰写申诉状，并在法律规定的期限内提交人民检察院。

值得注意的是，对于未成年人涉嫌刑法分则第四章、第五章、第六章规定的犯罪，可能判处 1 年有期徒刑以下刑罚，符合起诉条件，但确有悔罪表现的，人民检察院可以作出附条件不起诉的决定，对于人民检察院的附条件不起诉决定，被害人可以委托律师进行申诉。另外，如果未成年犯罪嫌疑人及其法定代理人对人民检察院作出的附条件不起诉决定提出异议，则人民检察院应当作出起诉的决定。

法条链接：

《中华人民共和国刑事诉讼法》

第一百七十六条　对于有被害人的案件，决定不起诉的，人民检察院应当将不起诉决定书送达被害人。被害人如果不服，可以自收到决定书后 7 日以内向上一级人民检察院申诉，请求提起公诉。人民检察院应当将复查决定告知被害人。对人民检察院维持不起诉决定的，被害人可以向人民法院起诉。

被害人也可以不经申诉，直接向人民法院起诉。人民法院受理案件后，人民检察院应当将有关案件材料移送人民法院。

第一百七十七条   对于人民检察院依照本法第 173 条第 2 款规定作出的不起诉决定，被不起诉人如果不服，可以自收到决定书后 7 日以内向人民检察院申诉。人民检察院应当作出复查决定，通知被不起诉的人，同时抄送公安机关。

第二百七十一条   对于未成年人涉嫌刑法分则第四章、第五章、第六章规定的犯罪，可能判处 1 年有期徒刑以下刑罚，符合起诉条件，但有悔罪表现的，人民检察院可以作出附条件不起诉的决定。人民检察院在作出附条件不起诉的决定以前，应当听取公安机关、被害人的意见。

对附条件不起诉的决定，公安机关要求复议、提请复核或者被害人申诉的，适用本法第 175 条、第 176 条的规定。

未成年犯罪嫌疑人及其法定代理人对人民检察院决定附条件不起诉有异议的，人民检察院应当作出起诉的决定。

（二）代理生效判决、裁定的申诉

代理生效判决、裁定的申诉，是指执业律师根据我国《刑事诉讼法》的有关规定，接受生效判决、裁定的当事人及其法定代理人或者近亲属的委托，对已经生效的判决、裁定，向人民法院或者人民检察院提出异议，要求重新审理的活动。执业律师代理生效判决、裁定的申诉，应当注意以下问题：

1. 在接受委托前，应当审查申诉的理由是否足以引起审判监督程序，即生效的判决、裁定，在事实认定、证据、法律程序、法律适用等方面是否存在错误，以及审判人员在审判案件时，是否有贪污受贿、枉法裁判徇私舞弊的行为。

2. 协助当事人准备资料，必要时，应进行调查取证，进行申诉。

3. 在审判监督程序中，确定代理工作的工作方式和工作重点。

法条链接：

《中华人民共和国刑事诉讼法》

第二百四十一条   当事人及其法定代理人、近亲属，对已经发生法律效力的判决、裁定，可以向人民法院或者人民检察院提出申诉，但是不能停止判决、裁定的执行。

第二百四十二条   当事人及其法定代理人、近亲属的申诉符合下列情形之一的，人民法院应当重新审判：

（一）有新的证据证明原判决、裁定认定的事实确有错误，可能影响定罪量刑的；

（二）据以定罪量刑的证据不确实、不充分、依法应当予以排除，或者证明案件事实的主要证据之间存在矛盾的；

（三）原判决、裁定适用法律确有错误的；

（四）违反法律规定的诉讼程序，可能影响公正审判的；

（五）审判人员在审理该案件的时候，有贪污受贿，徇私舞弊，枉法裁判行为的。

六、违法所得没收程序中律师代理的工作内容

违法所得没收程序中的律师代理，是指执业律师根据我国《刑事诉讼法》的有关规定，在贪污贿赂犯罪、恐怖活动犯罪等重大犯罪案件中，接受已死亡犯罪嫌疑人、被告人或已逃匿1年以上犯罪嫌疑人、被告人近亲属和其他利害关系人的委托，担任代理人参与诉讼，在授权范围内实施诉讼行为，以维护其委托人合法权益的诉讼行为。

违法所得没收程序中代理律师的工作应注意以下问题：

1. 接受委托，签订委托合同，确定委托代理关系。

2. 查阅案件材料，开展有针对性的证据调查。

3. 做好出庭前的准备工作，确定代理方案，提问提纲，拟写代理词，撰写备忘录。

4. 亲自出庭，参与法庭审判，如果是犯罪嫌疑人、被告人近亲属委托的代理律师，应当就犯罪嫌疑人、被告人的行为是否构成犯罪，是否应当没收违法所得发表意见，维护其合法权益。

5. 亲自出庭，参与法庭审判，如果是被害人或其他利害关系人委托的代理律师，在法庭裁定没收违法所得以前，应向法庭申请返还财物，从而维护被害人或其他利害关系人的合法利益。

6. 犯罪嫌疑人、被告人的近亲属、被害人和其他利害关系人不服人民法院的裁定，可以提出上诉，代理律师经上述人员同意，可以代为上诉。

法规链接：

《中华人民共和国刑事诉讼法》

第二百八十条　对于贪污贿赂犯罪、恐怖活动犯罪等重大犯罪案件，犯罪嫌疑人、被告人逃匿，在通缉1年后不能到案，或者犯罪嫌疑人、被告人死亡，依照刑法规定应当追缴其违法所得及其他涉案财产的，人民检察院可

以向人民法院提出没收违法所得的申请。

公安机关认为有前款规定情形的，应当写出没收违法所得意见书，移送人民检察院。

没收违法所得的申请应当提供与犯罪事实、违法所得相关的证据材料，并列明财产的种类、数量、所在地及查封、扣押、冻结的情况。

人民法院在必要的时候，可以查封、扣押、冻结申请没收的财产。

第二百八十一条　没收违法所得的申请，由犯罪地或者犯罪嫌疑人、被告人居住地的中级人民法院组成合议庭进行审理。

人民法院受理没收违法所得的申请后，应当发出公告。公告期间为6个月。犯罪嫌疑人、被告人的近亲属和其他利害关系人有权申请参加诉讼，也可以委托诉讼代理人参加诉讼。

人民法院在公告期满后对没收违法所得的申请进行审理。利害关系人参加诉讼的，人民法院应当开庭审理。

第二百八十二条　人民法院经审理，对经查证属于违法所得及其他涉案财产，除依法返还被害人的以外，应当裁定予以没收；对不属于应当追缴的财产的，应当裁定驳回申请，解除查封、扣押、冻结措施。

七、强制医疗程序中律师代理的工作内容

强制医疗程序中的律师代理，是指执业律师根据我国《刑事诉讼法》的有关规定，在强制医疗程序中，接受精神病人的法定代理人的委托或人民法院的指定，担任精神病人的代理律师，参与诉讼程序，以维护委托人的合法权益的诉讼行为。

强制医疗程序中代理律师的工作应注意以下问题：

1. 接受委托，签订委托合同，确定委托代理关系；或接受人民法院的指定，担任代理人。

2. 查阅案件材料，核实有关证据，开展有针对性的证据调查。

3. 做好出庭前的准备工作，确定代理方案，拟写代理词，撰写备忘录。

4. 亲自出庭，参与法庭审理，就被申请人或被告人是否实施了暴力行为，严重危害了公共安全或者公民人身安全，以及是否可能继续实施危害社会的行为，提出代理意见。

5. 对于不服人民法院强制医疗决定的，可以代理委托人向上一级人民法院申请复议。

法条链接：

《中华人民共和国刑事诉讼法》

第二百八十六条 人民法院受理强制医疗的申请后，应当组成合议庭进行审理。

人民法院审理强制医疗案件，应当通知被申请人或者被告人的法定代理人到场。被申请人或者被告人没有委托诉讼代理人的，人民法院应当通知法律援助机构指派律师为其提供法律帮助。

★ 思考题

1. 简述刑事诉讼中的律师代理与律师辩护的差异。
2. 简述刑事诉讼中代理律师的权利和义务。
3. 简述刑事申诉中代理律师的工作内容。
4. 简述违法所得没收程序中律师代理的工作内容

相关资源

1. 《中华人民共和国律师法》。
2. 《中华人民共和国刑事诉讼法》。
3. 张亮："公诉案件律师代理制度研究"，载《嘉兴学院学报》2006 年第 5 期。
4. 田晓辉、吕洪民："刑事被害人权利保障的若干设想"，载《法律适用》2007 年第 5 期。

讨论交流

被害人作为刑事诉讼中的当事人之一，其与犯罪嫌疑人或被告人应有同等的诉讼地位和对等的诉讼权利。但是在立法和司法实践中，被害人获得的权利保障却远远地落后于被告人，因而，有学者认为，有必要从以下三个方面加强对被害人权利的保护：

1. 明确赋予被害人代理律师调查取证权。我国法律没有明确规定公诉案件中的被害人的代理律师享有调查取证的权利，这与被害人的诉讼地位及代理律师的作用是不相称的，如果代理律师不能调查取证，将不利于维护被害人的合法权益。

2. 赋予被害人独立的上诉权。我国法律没有赋予被害人独立的上诉权，如果被害人对第一审判决不服，则只能通过向人民检察院申请抗诉来实现自己的诉讼权利。因而，有学者认为，在立法上，我们应当直接赋予被害人独立的上诉权，由被害人自己处分自己的诉讼权利，而不必通过人民检察院来实现自己的诉讼权利，这不仅是对被害人当事人地位的尊重，更是维护被害人诉讼权利的一种有效手段。

3. 扩大附带民事诉讼中损害赔偿的范围。在民事诉讼中，容许对精神损害提起诉讼并获得赔偿，而附带民事诉讼却仅限于对被害人所遭受物质损害可以提起诉讼，请求赔偿，这显然不能满足对被害人的权利保障的要求。在立法和司法实践中，我们应当扩大附带民事诉讼中的损害赔偿范围，从而更全面地实现对被害人的救济和抚慰。

问题

（1）被害人在我国刑事诉讼中具有怎样的诉讼地位？

（2）谈谈您对上述观点的看法。

第八章

执业律师在民事与行政诉讼中的代理

学习单元一　执业律师在民事诉讼中的代理

导　学

一、学习目的和要求

了解执业律师在民事诉讼中的代理种类、特点及基本内容，明确执业律师在民事诉讼代理中的权利和义务。

二、学习重点和难点

正确理解执业律师民事诉讼代理的概念、特点，具体内容和程序。

学习本单元要注意的是，执业律师民事诉讼代理与刑事诉讼辩护的区别。

学习内容

一、民事诉讼中律师代理制度概述

（一）民事诉讼律师代理的概念和特点

执业律师在民事诉讼中的代理，是指执业律师受当事人的委托，在民事诉讼中以被代理人的名义，在授权范围内，代理被代理人进行诉讼活动，以维护其合法权益的行为。执业律师的民事诉讼代理，具有以下特点：

第一，代理人与被代理人必须符合法定条件。即代理人必须具有律师资格及律师执业证书，被代理人必须具有民事诉讼当事人的主体资格。

第二，执业律师必须以被代理人的名义参加诉讼活动。

第三，必须在代理权限范围内进行代理活动。诉讼代理人的代理权限，来源于法律规定或当事人的授权。凡是超越代理权所实施的诉讼行为，都是无效的诉讼行为，不能产生诉讼法上的效果。

第四，执业律师合法代理的后果由被代理人承担，但是，执业律师如未经授权或自行"越权"，则其后果不对被代理人发生效力，而应该由执业律师自己承担。

法条链接：

《中华人民共和国律师法》

第二十八条　律师可以从事下列业务：

（一）接受自然人、法人或者其他组织的委托，担任法律顾问；

（二）接受民事案件、行政案件当事人的委托，担任代理人，参加诉讼；

（三）接受刑事案件犯罪嫌疑人的委托，为其提供法律咨询，代理申诉、控告，为被逮捕的犯罪嫌疑人申请取保候审，接受犯罪嫌疑人、被告人的委托或者人民法院的指定，担任辩护人，接受自诉案件自诉人、公诉案件被害人或者其近亲属的委托，担任代理人，参加诉讼；

（四）接受委托，代理各类诉讼案件的申诉；

（五）接受委托，参加调解、仲裁活动；

（六）接受委托，提供非诉讼法律服务；

（七）解答有关法律的询问、代写诉讼文书和有关法律事务的其他文书。

（二）民事诉讼代理的种类

1. 一般代理和特别授权代理。一般代理，是指当事人只进行一般授权，代理律师通常只能行使程序意义上的权利，如提交诉状、提出管辖异议、出庭诉讼并行使诉讼权利、接收法律文书等。而代理律师行使实体权利的，为特别代理，必须经特别授权，如承认、放弃、变更、增加诉讼请求，进行和解或调解，申请财产保全、申请鉴定，提起反诉、上诉、申请再审等，均必须经特别授权方可行使。应该注意，特别授权代理必须有明确的授权列举，如果仅仅笼统地在委托代理合同中写上"全权代理"而无具体授权内容，则法律上只认为系一般授权代理，另外，离婚案件不允许进行特别授权代理，只能接受一般授权代理，因为婚姻关系的解除涉及到人身关系的变更。

法条链接：

《中华人民共和国民事诉讼法》

第五十九条　委托他人代为诉讼，必须向人民法院提交由委托人签名或者盖章的授权委托书。

授权委托书必须记明委托事项和权限。诉讼代理人代为承认、放弃、变更诉讼请求，进行和解，提起反诉或者上诉，必须有委托人的特别授权。

侨居在国外的中华人民共和国公民从国外寄交或者托交的授权委托书，必须经中华人民共和国驻该国的使领馆证明；没有使领馆的，由与中华人民共和国有外交关系的第三国驻该国的使领馆证明，再转由中华人民共和国驻该第三国使领馆证明，或者由当地的爱国华侨团体证明。

第六十条　诉讼代理人的权限如果变更或者解除，当事人应当书面告知人民法院，并由人民法院通知对方当事人。

《最高人民法院关于适用〈中华人民共和国民事诉讼法〉若干问题的意见》

第六十九条　当事人向人民法院提交的授权委托书，应在开庭审理前送交人民法院。授权委托书仅写"全权代理"而无具体授权的，诉讼代理人无权代为承认、放弃、变更诉讼请求，进行和解，提起反诉或者上诉。

2. 第一审程序、第二审程序、再审程序和执行程序中的律师代理。第一审程序、第二审程序、再审程序和执行程序，是人民法院处理民事案件的四个不同阶段。律师在第一审程序中的工作重点是帮助委托人举证，提出合理的诉讼请求，帮助委托人行使各项诉讼权利，争取人民法院的公正裁决；律师在第二审程序中的工作重点是根据《民事诉讼法》第153条之规定，审查第一审判决裁定在认定事实、适用法律和诉讼程序方面是否有错误，然后根据委托人（上诉人或被上诉人）的意见，向第二审法院提出合理的诉讼请求；再审程序是纠正人民法院已发生法律效力的裁判时所适用的程序，律师代理委托人提出再审请求时，要严格依据《民事诉讼法》第十六章规定的条件，提出纠正原裁决所依据的事实和法律；执行程序是民事诉讼的最后一个程序，人民法院裁判所确定的实体权益需要通过执行程序来实现，在该程序中律师的代理以行使实体权利为主，如申请执行、进行执行和解、表示延期执行、撤销执行申请等。

3. 涉外民事诉讼律师代理和非涉外民事诉讼的律师代理。涉外民事诉讼律师代理，是指执业律师接受具有涉外因素的民事诉讼当事人的委托，代理其进行诉讼活动，维护其合法权益的行为。所谓涉外因素，是指作为纠纷主体的当事人一方或者双方是外国人、无国籍人、外国企业和组织，民事法律关系发生、变更或者消灭的法律事实在国外或者当事人争议的财产在国外。执业律师代理具有涉外因素的案件即为涉外民事诉讼律师代理，而代理不具有涉外因素的案件则为非涉外民事诉讼的律师代理。

（三）民事诉讼代理与刑事诉讼辩护的区别

执业律师在民事诉讼中的代理与在刑事诉讼中的辩护虽然都是接受委托进行特定诉讼活动，但是二者具有原则性的区别。其主要区别如下：

1. 参加诉讼的依据不同。民事诉讼代理律师要参加诉讼活动，必须与民事诉讼当事人及其法定代理人、近亲属签订委托代理协议，在这个委托代理协议基础上产生的特定授权是律师代理当事人参加民事诉讼的惟一法定依据；而刑事诉讼辩护律师则既可以是基于犯罪嫌疑人、被告人的委托参加刑事诉讼，也可以是根据法律援助机构的指定而为刑事诉讼被告人辩护。

2. 参加诉讼的范围不同。民事诉讼律师代理适用于所有民事诉讼的当事人，包括民事诉讼原告、被告、第三人以及上诉人、被上诉人等；而刑事诉讼的律师辩护仅仅适用于公诉案件的犯罪嫌疑人、被告人和自诉案件的被告人。

3. 诉讼地位不同。在代理民事诉讼当事人进行诉讼活动的时候，代理律师只能以被代理人的名义进行诉讼，并且要受被代理人意思表示的约束；而在刑事诉讼中，辩护律师具有独立的诉讼地位，在诉讼中以自己的名义进行诉讼，不受犯罪嫌疑人、被告人意思表示的约束。

4. 权限范围不同。民事诉讼代理律师的权限由被代理人授予，且不能超出被代理人的权限范围；而刑事辩护律师的职责则是由法律明确规定的，刑事辩护律师享有法律规定的会见权、通信权、阅卷权、调查取证权等广泛的诉讼权利。

5. 诉讼任务不同。在民事诉讼中，代理律师的任务就是基于被代理人的授权，在法律规定的范围内，根据被代理人的意志来维护被代理人的权益；在刑事诉讼中，辩护律师在维护犯罪嫌疑人、被告人合法权益的同时，尽力寻求事实真相，以尽可能地在刑事诉讼中实现实体正义与程序正义的平衡，因此，辩护律师在刑事诉讼中的辩护活动可以不受犯罪嫌疑人、被告人意志的制约。

（四）执业律师在民事诉讼代理中的权利和义务

1. 执业律师的权利。根据我国《律师法》、《民事诉讼法》的有关规定，我国执业律师在民事诉讼中享有以下权利：

（1）查阅、复制本案有关材料和法律文书。根据我国《律师法》第34条、《民事诉讼法》第61条的规定，执业律师有权查阅、复制本案有关材料和法律文书，执业律师阅卷，有关单位应当给予必要的方便，并提供律师阅卷的场所。

（2）调查取证的权利。根据我国《律师法》第35条的规定，律师承办法律事务，经有关单位或者个人同意，可以向他们调查。执业律师承办法律事务，享有调查取证权，这是执业律师正常开展业务活动的保障，执业律师在向有关单位或者个人调查取证时，应当征得有关单位或者个人的同意。

（3）保障出庭时间的权利。执业律师在诉讼中应当有充分的时间来进行准备工作，根据有关法律、行政法规的规定，人民法院确定开庭日期，应当给律师留有准备出庭所需要的时间，律师因案情复杂、开庭日期过急，有权申请延期审理，人民法院应在不影响法定结案的时间内予以考虑，并且人民法院应当用通知书通知律师到庭履行职务，不得使用传票传唤律师，人民法院的开庭通知书至迟应在开庭3日以前送达，如果改期审理的案件，再次开庭也要为律师留出适当的出庭准备时间。

（4）解除或辞去委托关系的权利。根据我国《律师法》第32条的规定，律师接受委托后，无正当理由的，不得拒绝辩护或者代理，但委托事项违法，委托人利用律师提供的服务从事违法活动或者委托人隐瞒事实的，律师有权拒绝辩护或者代理。

（5）出庭执行职务的权利。根据我国法律的有关规定，执业律师在法庭审理阶段主要享有下列权利：①发问权，即在庭审过程中，经审判长许可，律师有向证人、鉴定人、勘验人或者被告人发问的权利。②质证权，即在法庭调查阶段，律师对出示的物证和宣读的未到庭的证人笔录、鉴定人的鉴定结论、勘验笔录和其他作为证据的文书，有提出自己意见的权利；对到庭的证人进行质证的权利。③提出新证据的权利，即在法庭上，律师有申请通知新的证人到庭，调取新的证据，申请重新鉴定或勘验的权利。④参加法庭辩论的权利，律师的辩论权是指律师在诉讼进行过程中，在人民法院的主持下，就争议的问题、案件事实和适用法律，进行辩驳和论证的权利。⑤对法庭的不正当询问有拒绝回答的权利。

（6）获取本案诉讼文书副本的权利。凡有执业律师参加诉讼的民事案件，不论第一审、第二审，法院所作的判决书、裁定书，都应发给承办律师副本。凡有执业律师参加的仲裁案件，仲裁机构的裁决书副本也应转送承办律师。

（7）代行上诉的权利。执业律师认为地方各级人民法院的第一审判决裁定有错误时，经当事人同意或授权，代其向上一级人民法院提起上诉，要求对案件重新进行审理。

法条链接：

《中华人民共和国律师法》

第三十二条　委托人可以拒绝已委托的律师为其继续辩护或者代理，同时可以另行委托律师担任辩护人或者代理人。

律师接受委托后，无正当理由的，不得拒绝辩护或者代理。但是，委托事项违法、委托人利用律师提供的服务从事违法活动或者委托人故意隐瞒与案件有关的重要事实的，律师有权拒绝辩护或者代理。

第三十四条　受委托的律师自案件审查起诉之日起，有权查阅、摘抄和复制与案件有关的诉讼文书及案卷材料。受委托的律师自案件被人民法院受理之日起，有权查阅、摘抄和复制与案件有关的所有材料。

第三十五条第 1 款　受委托的律师根据案情的需要，可以申请人民检察院、人民法院收集、调取证据或者申请人民法院通知证人出庭作证。

《中华人民共和国民事诉讼法》

第六十一条　代理诉讼的律师和其他诉讼代理人有权调查收集证据，可以查阅本案有关材料。查阅本案有关材料的范围和办法由最高人民法院规定。

2. 执业律师的义务。根据我国《律师法》、《民事诉讼法》的有关规定，我国执业律师在民事诉讼中应当承担以下义务：

（1）执业律师应当维护当事人的合法权益。

（2）执业律师应当按时出席法庭，遵守法庭秩序和法庭纪律。

（3）执业律师接受委托后，无正当理由的，不得拒绝代理，但委托事项违法，委托人利用律师提供的服务从事违法活动或委托人隐瞒事实的，律师有权拒绝辩护或者代理。

（4）执业律师不得在同一案件中，为双方当事人担任代理人，但偏远地区只有一个律师事务所的除外。

（5）执业律师不得利用提供法律服务的便利牟取当事人争议的权益，不得接受对方当事人的财物。

（6）执业律师应当保守在执业活动中知悉的国家秘密、商业秘密，不得泄露当事人的隐私。

（7）执业律师不得故意提供虚假证据或者威胁、利诱他人提供虚假证据，妨碍对方当事人合法取得证据。

（8）执业律师不得违反规定会见法官、检察官、仲裁员以及其他有关工作人员。

（9）执业律师不得向法官、检察官、仲裁员以及其他有关工作人员行贿，介绍贿赂或者指使、诱导当事人行贿，或者以其他不正当方式影响法官、检察官、仲裁员以及其他有关工作人员依法办理案件。

（10）接受司法行政机关、律师协会、当事人及社会组织等对其履行律师职务的监督。

法条链接：

《中华人民共和国律师法》

第三十八条　律师应当保守在执业活动中知悉的国家秘密、商业秘密，不得泄露当事人的隐私。

律师对在执业活动中知悉的委托人和其他人不愿泄露的情况和信息，应当予以保密。但是，委托人或者其他人准备或者正在实施的危害国家安全、公共安全以及其他严重危害他人人身、财产安全的犯罪事实和信息除外。

第三十九条　律师不得在同一案件中为双方当事人担任代理人，不得代理与本人或者其近亲属有利益冲突的法律事务。

第四十条　律师在执业活动中不得有下列行为：

（一）私自接受委托、收取费用，接受委托人的财物或者其他利益；

（二）利用提供法律服务的便利牟取当事人争议的权益；

（三）接受对方当事人的财物或者其他利益，与对方当事人或者第三人恶意串通，侵害委托人的权益；

（四）违反规定会见法官、检察官、仲裁员以及其他有关工作人员；

（五）向法官、检察官、仲裁员以及其他有关工作人员行贿，介绍贿赂或者指使、诱导当事人行贿，或者以其他不正当方式影响法官、检察官、仲裁员以及其他有关工作人员依法办理案件；

（六）故意提供虚假证据或者威胁、利诱他人提供虚假证据，妨碍对方当事人合法取得证据；

（七）煽动、教唆当事人采取扰乱公共秩序、危害公共安全等非法手段解决争议；

（八）扰乱法庭、仲裁庭秩序，干扰诉讼、仲裁活动的正常进行。

二、执业律师在民事诉讼第一审程序中的工作内容

（一）签订委托代理协议

当事人发生民事纠纷需要委托执业律师作为诉讼代理人时，首先应到律师事务所提出代理要求，经双方协商达成一致意见后，由律师事务所与委托人签订委托代理协议。

律师事务所是否应当接受当事人的委托，应从程序法和实体法方面进行审查，具体包括以下内容：

1. 审查委托人委托代理的事项，是否具备民事诉讼法规定的起诉条件。根据我国《民事诉讼法》的有关规定，起诉应当具备以下条件：①原告是与本案有直接利害关系的公民、法人或其他组织；②有明确的被告；③有具体的诉讼请求和事实理由；④属于《民事诉讼法》规定的受案范围并依法应适用民事诉讼程序；⑤不属于当事人对人民法院正在审理的案件又以同一诉讼标的、诉讼理由对同一被告起诉的情况，即不属于重复起诉；⑥不属于人民法院对当事人的争议已作出生效判决的情形；⑦不属于依照法律规定，在一定期限内不得起诉的案件，仍处于不得起诉的期限内；⑧委托人具有诉讼权利能力等。

2. 该案是否归人民法院主管。对于不属于人民法院主管的，就不应接受委托。对于依照法律规定，应当由其他机关处理的争议，应告知委托人向有关机关申请解决。

3. 审查委托人的诉讼请求有无充分的事实根据和证据材料。如果诉讼请求符合民事实体法的规定，证据材料又确实充分，律师就应当接受委托，如果事实根据和证据材料不充分，但可以进一步收集的证据，可以先接受委托，然后再进一步调查取证；如果事实根据和证据材料明显不足，又无进一步补充完善可能的，应当向委托人说明原因，不接受委托。

4. 审查委托人的诉讼请求是否违反法律、政策或社会公德。如果委托人将要提起的诉讼请求违背法律、行政法规、规章、有关的国家政策或社会公德，应当向委托人讲明这种诉讼请求将不会受到司法保护，不能接受委托。

5. 审查案件是否已超过诉讼时效。对于超过诉讼时效的案件，因委托人已丧失胜诉权，起诉会被人民法院驳回，进行诉讼没有实际意义，故不应接受委托。

6. 审查被指派的律师是否已在同一案件中担任了对方当事人的代理人，被指派律师是否与委托人有利害关系。经过审查分析，执业律师认为案件符合人民法院受理条件的，应当接受委托。对委托人的诉讼请求，部分不合理的，执业律师应做解释工作，动员其放弃，以便有效地进行代理工作，维护其合法权益。如果委托人的请求明显无理、无据或其行为明显违法的，执业律师应拒绝接受委托。

（二）出具和提交授权委托书

根据我国《民事诉讼法》第59条第1款的规定，委托他人代为诉讼，必须向人民法院提交由委托人签名或盖章的授权委托书。

授权委托书的内容一般包括授权委托人的姓名、住址等必须说明的事项，律师的姓名、所执业的律师事务所、住址等，律师的代理权限等等。授权委托书应当一式三份，委托人保留一份、委托人提交人民法院一份，律师事务所保留一份。

根据我国《民事诉讼法》第60条的规定，诉讼代理人的代理权限如果变更或解除，当事人应当书面告知人民法院，并由人民法院通知对方当事人。

根据我国《民事诉讼法》第58条的规定，委托人可以委托1~2名律师作为诉讼代理人。在委托人委托2名律师代为诉讼时，为了避免两位律师在代理过程中的意见分歧，应当在授权委托书中分别载明两位律师的代理权限，两位律师在代理过程中也要积极地、经常地交换意见，共同做好代理工作。如果其代理意见分歧较大，应当及时向委托人说明，由委托人作出决断。

（三）审前程序中的工作内容

执业律师接受当事人委托后，在审前程序中应当完成以下工作：

1. 了解案情，收集证据。执业律师接受委托后，首先要全面细致地了解案情、收集相关证据。

2. 审查主管与管辖、审查诉讼时效。无论是代为提起诉讼，还是代为应诉，执业律师都应从以下方面审查主管与管辖：①案件是否属于法院受理范围；②仲裁条款、书面仲裁协议及其效力；③诉讼管辖条款及其效力；④是否属于专属管辖；⑤是否属于特殊地域管辖。

此外，执业律师还应当审查案件的诉讼时效，查明是否超过诉讼时效期间、有无诉讼时效中断、中止或延长的情节。

3. 准备诉讼文书。在全面掌握案情、充分收集证据的基础上，执业律师应当撰写起诉状或答辩状。

民事起诉状是民事案件的原告向法院陈述自己的合法权益受到侵害的事实，阐明起诉理由，提出诉讼请求的法律文书。

民事答辩状，是民事案件的被告收到原告的起诉状副本后，在法定的期限内，针对原告在诉讼中提出的请求事项及依据的事实和理由，向法院作出的应答和辩驳的法律文书，其目的在于驳斥对方不正确的、不合法的起诉，并对自己的行为进行辩解。

此外，执业律师还应撰写代理词，以在法庭辩论阶段全面发表代理意见，反驳对方的主张。

4. 代理申请诉前财产保全。诉前财产保全是指利害关系人因情况紧急，不立即申请财产保全将会使其合法权益受到难以弥补的损害的，可以在起诉之前向法院申请财产保全，法院根据其申请采取的一种保护措施。

5. 参与庭前和解。庭前和解，是指代理律师在接受民事诉讼委托后，在调查取证的基础上，认为双方当事人的民事纠纷有和解的可能，在征得委托人同意后，可以与对方当事人交涉，促进双方达成和解协议。代理律师参与庭前和解必须有委托人的特别授权，达成和解协议后当事人反悔的，可向法院起诉，它只是解决当事人纠纷的一种方法，不是民事诉讼的必经阶段。

代理律师参与庭前和解，应当遵循自愿原则，尊重事实、依法和解原则，分清是非、明确责任原则，庭前和解不成，代理律师应当及时代理委托人起诉或应诉。

（四）法庭审理程序中的工作内容

法庭审理，是指人民法院在完成必要的准备之后，对民事案件进行审查处理的诉讼活动。法庭审理一般包括以下阶段：开庭、法庭调查、法庭辩论、合议和宣判，此外，法庭审理的全过程，还贯穿法院的调解活动。

1. 开庭程序中的工作内容。

（1）申请延期审理。根据我国《民事诉讼法》第132条规定，有下列情形之一的，可以延期开庭审理：①必须到庭的当事人和其他诉讼参与人有正当理由没有到庭的；②当事人临时提出回避申请的；③需要通知新的证人到庭，调取新的证据、重新鉴定、勘验，或者需要补充调查的；④其他应当延期的情形。人民法院开庭审理时，由于特殊情况的出现而推迟案件的审理，有利于保证案件的处理质量，有利于充分维护当事人的合法权益。

（2）申请有关人员回避。根据我国《民事诉讼法》第45条的规定，审判人员有下列情形之一的，必须回避，当事人有权用口头或者书面方式申请他们回避：①是本案当事人或者当事人、诉讼代理人的近亲属；②与本案有利害关系；③与本案当事人有其他关系，可能影响对案件公正审理的。这些规定，也适用于书记员、翻译人员、鉴定人、勘验人。代理律师应从客观实际出发，通俗地向当事人解释什么是回避，回避的条件、意义，如果有事实根据认为审判人员有法定回避的情形，应当帮助当事人向法庭提出回避申请，并说明理由。

2. 法庭调查程序中的工作内容。法庭调查，是法庭调查案件全部事实，并全面审查、判断有关证据的活动。法庭调查是开庭审理的重点，通过法庭调查，为认定案件事实、正确适用法律、维护当事人的合法权益奠定基础。根据我国《民事诉讼法》第 124 条的规定，执业律师在法庭调查阶段可以进行下列代理工作：

（1）协助当事人准确陈述案情。在当事人陈述阶段，如果只有代理律师出庭，则由律师代理委托人全面陈述案情。但更多的情况是代理律师和委托人同时出庭。这时，首先应由委托人全面陈述案情，因为委托人作为案件直接利害关系者，对案情有最直接、最详实的了解，能够较为全面的陈述案件真实情况。但由于委托人受文化水平、心理素质、表达能力等主客观条件的制约，往往并不能圆满地陈述有关案情，因此，在其陈述后应由具有法律知识、出庭经验的代理律师补充性地、专业性地陈述有关案情，并准确地回答审判人员的提问。

（2）审查核实证据。审查核实证据是法庭调查的主要活动，因此，代理律师应当重视对证据的审查核实工作。实践中，代理律师可以申请提出新的证据，申请重新勘验、鉴定，申请财产保全或先行执行。

代理律师在法庭调查阶段首先要认真听取审判人员、各方当事人及其他诉讼参与人在法庭上的提问、回答或发言，以进一步熟悉案情和证据，掌握案件情况有无变化，及时调整或补充在开庭前就准备好的代理词、辩论提纲，为下阶段的法庭辩论做准备。

3. 法庭辩论程序中的工作内容。法庭辩论，是指当事人、第三人及其诉讼代理人在法庭主持下，就已经调查的事实和证据，提出维护被代理人合法权益的意见和对对方提出的主张进行辩驳的诉讼活动。

代理律师在法庭辩论过程中，应注意以下两个问题：①明确辩论的目的，辩论的目的是说服审判人员，让他相信并采纳代理律师的意见；②在法庭辩论过程中，要做到有理有利有节，重点突出，观点明确。

4. 合议和宣判程序中的工作内容。

（1）参加法庭调解。根据我国《民事诉讼法》第 128 条的规定，法庭辩论终结，应当依法作出判决。判决前能够调解的，还可以进行调解；调解不成的，应当及时判决。

（2）申请补正法庭笔录。根据我国《民事诉讼法》第 133 条的规定，当事人和其他诉讼参与人认为法庭对自己的陈述记录有遗漏或差错，有权申请补正。如果不予补正，人民法院应将申请记录在案。代理律师及其委托人在阅读或听取了法庭笔录后，如认为有遗漏或差错，代理律师有权向人民法院申请补正。

（3）解释裁判、代理上诉。宣判后，代理律师应当向当事人实事求是地解释裁判的内容，并就是否上诉等问题征求委托人的意见，如果裁判在认定事实和适用法律上确有错误，经当事人特别授权，代理律师可以代理上诉。

三、执业律师在民事诉讼第二审、再审程序中的工作内容

（一）第二审程序中的工作内容

执业律师在代理当事人行使上诉权时，应当注意以下方面的问题：

1. 审查上诉人是否享有上诉权或依法可行使上诉权。根据我国《民事诉讼法》的有关规定，第一审案件中的原告、被告、共同诉讼人、有独立请求权的第三人、第一审判决确定其承担义务的无独立请求权的第三人享有上诉权；无诉讼行为能力的当事人的法定代理人，有权代理被代理人行使上诉权。

2. 审查上诉对象是否是依法允许上诉的判决或裁定。根据我国《民事诉讼法》的有关规定，可依法上诉的判决或裁定包括：①地方各级人民法院第一审未生效的判决和关于不予受理、对管辖权有争议和驳回起诉的裁定。②地方各级人民法院对重审案件所作出的第一审未生效的判决和关于不予受理、对管辖权有争议和驳回起诉的裁定。对地方各级人民法院制作的调解书和依特别程序审理案件的判决书、裁定书以及最高人民法院的判决书、裁定书和调解书等均不得上诉。

3. 审查上诉是否超过法定期限。根据我国《民事诉讼法》第 147 条的规定，对判决提起上诉的期限为 15 日，对裁定提起上诉的期限为 10 日，自当事人接到第一审判决或裁定的次日起计算。当事人在上诉期限内没有上诉，第一审判决或裁定即发生法律效力。如果当事人因不可抗拒的事由或其他正当理由耽误了期限，依《民事诉讼法》第 76 条的规定，当事人可在障碍消除后的 10 日内，向人民法院申请顺延期限。

4. 审查第一审判决或裁定是否有错误。根据我国《民事诉讼法》第 153 条的规定，第一审判决或裁定有以下错误，才能予以撤销或变更：①原判决适用法律错误。②原判决认定事实错误，或者原判决认定事实不清、证据不足。③原判决违反法定程序，可能影响案件正确判决。

5. 撰写上诉状。上诉状应当包括以下三方面的内容：①当事人的姓名、法人的名称及其法定代表人的姓名或其他组织的名称及其主要负责人的姓名。

②原审人民法院名称、案件的编号和案由。③上诉的请求和理由，上诉状应当重点写明上诉的请求和理由。另外，根据我国《民事诉讼法》第149条的规定，上诉状原则上应当通过原审人民法院提出，并按照对方当事人或者代表人的人数提出副本。

6. 参与法庭审理。在第二审程序中，代理律师出席法庭审理的工作内容，与第一审程序中的工作内容相同，但应当注意的是，代理律师应当重点围绕以下三个方面进行全面的阐述或辩驳：①原判决、裁定适用法律错误；②原判决、裁定认定事实错误，或者原判决、裁定认定事实不清、证据不足；③原判决、裁定违反法定程序，可能影响案件正确裁判。

（二）再审程序中的工作内容

再审程序，即审判监督程序，是指人民法院对已发生法律效力的判决、裁定和调解书，发现确有错误，依法再次审判时所适用的程序，再审程序是一种特殊程序。

在再审程序中，执业律师应当注意的问题：

1. 判决、裁定或调解协议是否允许申请再审。对确有错误的生效判决及裁定或对有证据证明违反自愿原则或者调解协议的内容违反法律的生效调解书可以申请再审。

我国《民事诉讼法》第178条规定，当事人对于已经发生法律效力的判决、裁定，认为有错误的，可以向上一级人民法院申请再审，但不停止判决、裁定的执行。第182条规定，当事人对已发生法律效力的调解书，提出证据证明调解违反自愿原则或者调解协议的内容违反法律的，可以申请再审。经人民法院审查属实的，应当再审。但是，根据我国《民事诉讼法》第183条的规定，当事人对已发生法律效力的解除婚姻关系的判决，不得申请再审。

2. 代理律师应当从事实、证据、法律适用等方面分析生效判决或裁定是否确有错误。

3. 代理律师应当从诉讼程序方面分析生效判决或裁定是否确有错误，例如是否违反法律规定，错误管辖的；审判组织是否合法，审判人员是否应当回避；是否违反法律规定，剥夺当事人辩论的权利等。

4. 申请再审是否逾越法定期限，再审应自判决或裁定发生法律效力后两年内提出。

5. 代理律师可以向作出原判决、裁定的人民法院的上一级人民法院提出申诉，也可向人民检察院提出申诉。

6. 代理律师代理当事人申请再审，应当撰写再审申请书并向有关机构提交。

7. 如果人民法院决定再审，代理律师应当做好法庭审判的准备工作，出席法庭审判，维护当事人的合法权益。

四、执业律师在执行程序中的工作内容

执行程序，是为民事审判程序的审判成果提供实现的手段，是民事审判程序的延续，而民事审判程序为执行程序创造执行根据，是执行程序的前提，执行阶段的民事诉讼律师代理，是指执业律师受民事诉讼执行申请人的委托，在其授权范围内，以委托人名义参加执行程序，使人民法院生效裁判得以实现，维护委托人合法权益的诉讼行为。

代理律师在执行中的代理，应注意审理以下几个问题：①接受委托必须有生效的执行根据，即据以执行的法律文书必须是生效的民事判决书、裁定书、调解书；②作为执行根据的法律文书必须具有给付内容；③委托人应是执行标的的权利人；④对方当事人有故意拖延、逃避或拒绝履行义务的行为；⑤代理执行事项在法律规定的执行期限内。

根据我国法律的有关规定，代理律师在民事诉讼执行程序中的主要工作内容为：

1. 调查取证。执行由被执行人不如期履行生效法律文书所确定的给付义务而引起，被执行人不如期履行义务的原因既有主观上的，又有客观上的，执行申请人和代理律师为减少申请的盲目性，必须进行调查取证，弄清楚被执行人究竟是"不能"还是"不为"，如果被执行人有执行能力却故意拖延、逃避或者拒绝履行人民法院生效法律文书所确定的义务，代理律师应当向人民法院申请强制执行。

2. 申请执行和撤回执行申请。根据我国《民事诉讼法》第 212 条的规定，发生法律效力的民事判决、裁定、调解书，当事人必须履行。一方拒绝履行的，对方当事人可以向人民法院申请执行。代理律师代理当事人申请执行时，必须向人民法院提交生效法律文书、执行申请书、授权委托书以及证明被执行人有执行能力而拒不执行的各种证据。

另外，申请人自愿撤回申请，是处分自己实体权利的行为。代理律师经过申请人特别授权，可以代理撤回执行申请。

3. 促成执行和解。执行和解，是指在执行程序开始后，执行程序尚未终结之前，双方当事人经自愿协商，就彼此的权利义务关系达成协议，从而结束执行程序的诉讼行为。律师在代理和解时应注意：①和解必须在自愿、平等的基础上进行；②和解内容必须符合法律、政策的规定；③和解应达成书面协议。此外，代理律师应当向双方当事人声明，和解协议成立之后，如果一方当事人反悔，另一方当事人可向人民法院申请，恢复对原生效法律文书的执行。

4. 处理执行异议。执行异议，是指没有参加执行程序的案外人认为执行工作侵犯了或将要侵犯其合法权益，或对执行标的主张权利，从而对执行提出异议。执行异议如确有理由，将导致执行程序的中止，因此，代理律师应配合执行人员依照法定程序对异议进行审查，驳回不成立的理由，以维护委托人的合法权益。

5. 确定延期执行。代理律师可根据对方当事人的实际情况，在征得执行申请人的同意后，可向对方当事人和人民法院作出延期执行的表示。

五、执业律师在涉外民事诉讼中的工作内容

（一）涉外民事诉讼中的律师代理概述

涉外民事案件的律师代理，是指律师代理涉外案件的当事人进行诉讼活动，维护当事人合法权益的诉讼行为。

根据《民事诉讼法》第四编的规定，涉外民事诉讼除了一般民事诉讼的特点之外，还包含有以下特殊原则，这也是涉外民事诉讼律师代理所必须遵行的基本原则：

1. 优先适用特别规定的原则。根据我国《民事诉讼法》第235条的规定，在中华人民共和国领域内进行涉外民事诉讼，适用本编规定。本编没有规定的，适用本法其他有关规定。因此，代理律师在涉外民事诉讼中应当首先适用《民事诉讼法》第四编关于涉外民事诉讼的特别规定。

2. 诉讼权利义务同等原则。根据我国《民事诉讼法》第5条第1款的规定，外国人、无国籍人、外国企业和组织在人民法院起诉、应诉，同中华人民共和国公民、法人和其他组织有同等的诉讼权利义务。

3. 对等原则。根据我国《民事诉讼法》第5条第2款的规定，在外国法院对我国公民、法人及其他组织的民事诉讼权利加以限制时，我国人民法院将对等地限制该国公民、法人及其他组织的民事诉讼权利。

4. 优先适用我国缔结或参加的国际条约原则。根据我国《民事诉讼法》第236条的规定，中华人民共和国缔结或者参加的国际条约同本法有不同规定的，适用该国际条约的规定，但中华人民共和国声明保留的条款除外。

5. 使用我国通用的语言、文字原则。根据我国《民事诉讼法》第 238 条的规定，人民法院审理涉外民事案件，应当使用中华人民共和国通用的语言、文字。当事人要求提供翻译的，可以提供，费用由当事人承担。

6. 我国律师代理诉讼原则。根据我国《民事诉讼法》第 239 条的规定，外国人、无国籍人、外国企业和组织在人民法院起诉、应诉，需要委托律师代理诉讼的，必须委托中华人民共和国的律师。

（二）执业律师代理涉外民事诉讼应注意的问题

1. 授权委托书的成立。根据我国《民事诉讼法》第 240 条的规定，在中华人民共和国领域内没有住所的外国人、无国籍人、外国企业和组织委托中华人民共和国律师或者其他人代理诉讼，从中华人民共和国领域外寄交或者托交的授权委托书，应当经所在国公证机关证明，并经中华人民共和国驻该国使领馆认证，或者履行中华人民共和国与该所在国订立的有关条约中规定的证明手续后，才具有效力。

2. 期间。根据我国《民事诉讼法》第 246 条的规定，被告在中华人民共和国领域内没有住所的，人民法院应当将起诉状副本送达被告，并通知被告在收到起诉状副本后 30 日内提出答辩状。被告申请延期的，是否准许，由人民法院决定。《民事诉讼法》第 247 条规定，在中华人民共和国领域内没有住所的当事人，不服第一审人民法院判决、裁定的，有权在判决书、裁定书送达之日起 30 日内提起上诉。被上诉人在收到上诉状副本后，应当在 30 日内提出答辩状。当事人不能在法定期间提起上诉或者提出答辩状，申请延期的，是否准许，由人民法院决定。根据上述法律规定，涉外民事诉讼的期间具有以下特点：①时间较长，都是 30 日；②当事人在规定期间内未完成诉讼行为的，可向人民法院申请延长期间。代理律师应当充分利用上述有利条件。

3. 送达。根据我国《民事诉讼法》第 245 条的规定，人民法院对在中华人民共和国领域内没有住所的当事人送达诉讼文书，可以采用下列方式：①依照受送达人所在国与中华人民共和国缔结或者共同参加的国际条约中规定的方式送达；②通过外交途径送达；③对具有中华人民共和国国籍的受送达人，可以委托中华人民共和国驻受送达人所在国的使领馆代为送达；④向受送达人委托的有权代其接受送达的诉讼代理人送达；⑤向受送达人在中华人民共和国领域内设立的代表机构或者有权接受送达的分支机构、业务代办人送达；⑥受送达人所在国的法律允许邮寄送达的，可以邮寄送达，自邮寄之日起满 6 个月，送达回证没有退回，但根据各种情况足以认定已经送达的，期间届满之日视为送达；⑦不能用上述方式送达的，公告送达，自公告之日起满 6 个月，即视为送达。

4. 申请财产保全。代理律师在授权范围内可以根据我国《民事诉讼法》第 92 条、第 93 条的规定向人民法院申请财产保全。人民法院裁定准许诉前保全的，代理律师应当在 30 日内提起诉讼，否则，人民法院将解除财产保全，且因此造成的被申请人的损失及有关费用由申请方承担。

★ **思考题**

1. 简述执业律师民事诉讼代理的概念与特点。
2. 涉外民事诉讼律师代理所必须遵行的基本原则包括哪些？

相关资源

1. 《中华人民共和国律师法》。
2. 《中华人民共和国民事诉讼法》。
3. 《最高人民法院关于适用〈中华人民共和国民事诉讼法〉若干问题的意见》。
4. 《最高人民法院关于适用〈中华人民共和国民事诉讼法〉审判监督程序若干问题的解释》。
5. 《最高人民法院关于适用〈中华人民共和国民事诉讼法〉执行程序若干问题的解释》。
6. 《最高人民法院关于民事诉讼证据的若干规定》。
7. 张红："浅析代理权的审查"，载《四川大学学报（哲学社会科学版）》2004 年第 1 期。
8. 林应钦："试论公益诉讼中的律师角色"，载《中国司法》2007 年第 2 期。
9. 李珣："民事强制律师代理制度的再讨论"，载《中国律师》2010 年第 4 期。
10. 牛李炜："论律师代理在民事诉讼中的作用——兼谈强制律师代理制度"，载《法制与社会》2011 年第 12 期。

2010 年 1 月，某化妆品生产有限公司与某百货商场签订一份按期供应化妆品的合同。约定自该年 2 月份起，化妆品生产有限公司按月向百货商场提供 100 件化妆品直到 8 月份。每月 15 日至 20 日送货上门。商场收到货物的第二天，通过银行结算货款。任何一方违约，应按未履行部分货款金额的 10% 向对方支付违约金。合同签订后，化妆品生产有限公司按期交付前 3 个月的货物，百货商场按期交付了前两个月的货款。但第三个月的货款却以种种理由推诿。化妆品生产有限公司担心以后的货款不能收回，遂停止向百货商场发运第四批货物。商场因为货已售光，便要求化妆品生产有限公司尽快发货，遭到化妆品生产有限公司拒绝。百货商场向甲市 A 区人民法院起诉化妆品生产有限公司违约，请求化妆品生产有限公司继续履行合同。化妆品生产有限公司认为商场违约在先，应当承担违约责任后，方可继续履行合同。

问题

（1）如果你是该化妆品生产有限公司的第一审诉讼代理人，你应当如何应对？

（2）根据上述材料，拟写一份代理词。

学习单元二 执业律师在行政诉讼中的代理

导　学

一、学习目的和要求

了解执业律师在行政诉讼中的代理概念、特点、种类及基本内容，明确执业律师在行政诉讼代理中的权利和义务。

二、学习重点和难点

正确理解执业律师代理行政诉讼的范围。

学习本单元要注意的是，行政诉讼的被告始终是行政机关，被告代理律师的权利与原告代理律师的权利存在明显差异。

⬚ 学习内容

一、行政诉讼中律师代理制度概述

（一）行政诉讼中律师代理的概念和特征

我国《行政诉讼法》第 2 条规定，公民、法人或者其他组织认为行政机关和行政机关工作人员的具体行政行为侵犯其合法权益，有权依照本法向人民法院提起诉讼。因此，行政诉讼，是指人民法院依行政管理相对人的申请，依法对行政机关及其工作人员的具体行政行为的合法性、适当性进行审查的活动。

律师代理行政诉讼有如下特点：

1. 被代理主体的差异性。行政诉讼的双方当事人中，一方当事人是具有行政权力的国家，行政机关的行政行为具有强制性，而另一方当事人是国家行政机关行使管理权的对象，即管理相对人。双方在行政法律关系中，处于管理与被管理的不平等地位。当这种关系发生纠纷而诉诸人民法院时，这种行政管理中的不平等关系则转化为行政机关同管理相对人之间的平等的诉讼法律地位和权利关系，且被告恒定为相应的行政机关。

2. 代理人权限的差异性。律师代理行政诉讼，既可代理原告，又可代理被告，代理对象的不同决定了其代理权限的差异性。作为原告方的代理律师，享有一般律师代理的诉讼权利，而作为被告方代理律师，因行政机关在行政管理中具有相对优势，须在诉讼中限制其权利，故被告代理律师无起诉权，无反诉权，无收集证据权，无提请和解权等。

3. 代理事务和程序的特殊性。律师在行政诉讼代理中，因代理对象的不同而在工作内容和程序上有很大差别。如举证责任，在民事诉讼中实行"谁主张、谁举证"的原则，在行政诉讼中，作为原告方，只要举出具体行政行为和侵害事实存在的证据即可，而作为被告方，则必须就该行政行为的合法性、适当性加以举证，否则即承担败诉责任。这与民事诉讼中双方当事人在诉讼活动中权利义务基本相同的特点是有差异的。

4. 代理行政诉讼涉及法律、法规的广泛性。行政行为的法律依据大多是行政法规、行政规章，涉及各行各业。法院审理、裁判行政诉讼案件也应适用或参照行政法规、规章。随着行政管理法制化程度的提高，今后行政管理方面的法规、规章还会不断增加，律师要做好行政诉讼代理工作，必须掌握丰富的行政法规、行政规章，才能有效地维护当事人的合法权益。

（二）律师代理行政诉讼的范围——具体行政行为

具体行政行为，是指国家行政机关及其工作人员、法律、行政法规授权的组织、行政机关委托的组织或者个人在行政管理活动中行使行政职权，针对特定的公民、法人或者其他组织，就特定的具体事项，做出的有关该公民、法人及其他组织权利义务的单方行为，根据我国《行政诉讼法》第11条第1款的规定，律师代理行政诉讼的范围如下：

1. 不服行政处罚的案件。行政处罚，是指行政机关依据行政法规、行政规章，对于违法的管理相对人实施制裁的具体行政行为，其中主要包括行政拘留、劳动教养、罚款、吊销和扣押许可证和执照、责令停产停业、通报、警告、罚款等。管理相对人如对于上述行政处罚不服的，可委托律师依法向人民法院提起行政诉讼。

2. 不服行政强制措施的案件。行政强制措施，是指国家行政机关针对公民、法人和其他组织为法律、法规所禁止的行为或不为法律、法规所规定的义务而依法限制公民的人身自由或限制公民、法人或其他组织的财产的具体行政行为，如强制戒毒、冻结或扣押财产等，对上述具体行政行为不服，管理相对人可委托律师依法向人民法院提起行政诉讼。

3. 认为行政机关侵犯法定的经营自主权和合法承包经营权的案件。在市场经济条件下，管理相对人依法享有组织生产经营的自主权，任何机关和个人不得侵犯。行政机关必须依法对管理相对人的生产经营活动进行管理。如果行政机关的具体行政行为侵犯了管理相对人法定的经营自主权和合法的承包经营权，管理相对人可依法向人民法院起诉，律师可受委托参加诉讼。

4. 认为符合法定条件申请颁发许可证或执照，行政机关拒绝颁发或不予答复的案件。许可证和执照，是国家行政机关依法对管理相对人进行管理的一种手段，通过审查决定是否赋予相对人从事某种活动的权利和资格，是行政机关经常性的具体行政行为。行政机关必须严格按法定条件、法定程序予以审核，并在法定期限内予以答复。若行政管理相对人认为其完全具备应予颁发的条件而行政机关予以拒绝颁发或在法定期限内不予答复，管理相对人有权依法向人民法院提起行政诉讼，执业律师可作为代理人参加诉讼。

5. 申请行政机关履行保护人身权、财产权的法定职责，行政机关拒绝履行或不予答复的案件。如管理相对人的人身权、财产权受到不法侵害而负有保护职责的行政机关拒绝履行或不予答复时，管理相对人可依法提起行政诉讼，执业律师可代理此类案件。

6. 认为行政机关没有依法发给抚恤金的案件。国家对于革命军人、职工因伤亡或病故而向其家属或伤残者发放一定的金钱作为抚慰性补偿，以维护其正常生活。国家法律严格规定了发放抚恤金的条件，如管理相对人认为行政机关未依法发放抚恤金，可依法向人民法院提起行政诉讼，执业律师可代理此类案件。

7. 认为行政机关违法要求履行义务的案件。作为管理相对人有责任履行法律、行政法规规定的各项义务，作为行政机关有权力要求相对人履行法律、行政法规范围内的各项义务，其对管理相对人履行法律、法规规定的以外的义务的要求，则是对管理相对人合法权益的一种侵犯，对此，管理相对人有权依法提起行政诉讼，执业律师可代理此类案件。

8. 认为行政机关侵犯其他人身权、财产权的行政案件。因行政机关执法领域十分广泛，为对管理相对人人身权、财产权予以充分保障，法律作了上述弹性规定以概括式的立法形式赋予了相对人广泛的诉权。上述案件也属于律师代理的范围。

9. 其他法律、法规规定可以提起行政诉讼的案件。根据我国《行政诉讼法》第 11 条第 2 款的规定，除前款规定外，人民法院受理法律、法规规定可以提起诉讼的其他行政案件。根据现行法律、行政法规规定，下列案件可提起行政诉讼，执业律师可以代理：①根据《土地管理法》、《森林法》、《草原法》等法律、法规不服行政机关确认土地、山岭、滩涂、荒地、草原、森林等所有权和使用权归属的处理决定的案件；②根据《专利法》不服确认专利权等处理决定的案件；③根据《律师惩戒规则》对律师惩戒委员会关于取消律师资格和撤销律师事务所的惩戒决定或复议决定不服的案件等。

10. 不能代理的行政诉讼案件。根据我国《行政诉讼法》第 12 条的规定，管理相对人就以下事项向人民法院提起行政诉讼，人民法院不予受理，因此，执业律师亦不能代理：①国际、外交等国家行为引起的争议；②行政法规、规章或行政机关制定、发布的具有普遍约束力的决定、命令；③行政机关对内部工作人员的奖惩、任免等决定；④法律规定由行政机关最终裁决的具体行政行为。

（三）代理律师在行政诉讼中的法律地位、权利与义务

1. 代理律师在行政诉讼中的法律地位。①代理律师参加行政诉讼必须基于当事人的委托授权，代理律师代理当事人为行政诉讼行为，必须在受委托的权限内进行，因而具有从属性，这与民事诉讼是一样的；②执业律师作为

专业的法律工作者，又有相对独立的一面，享有《律师法》、《行政诉讼法》等法律中规定的专属权利，如查阅案卷的的权利等。

2. 代理律师在行政诉讼中的权利与义务。代理律师在行政诉讼中的权利与义务与代理律师在民事诉讼中的权利与义务基本相同，但在行政诉讼中，有关法律、行政法规对被告代理律师的权利进行了如下限制：①无起诉权；②无反诉权；③收集证据权利受到限制。行政机关做出具体行政行为，理应有确实、充分的证据，否则即为违法，故进入行政诉讼后，为防止"事后取证"来证明以前的具体行政行为的合法性、适当性，在行政诉讼中不允许被告自行向原告和证人收集证据，作为被告的代理律师，同样不得向原告和证人收集证据；④无和解权。行政法律关系中的权利义务，是国家法律明确规定的，被告行政机关不得任意放弃国家权力或免除对方义务。

二、行政诉讼中代理律师的工作内容

（一）审查了解案情，确定是否代理

1. 审查所委托案件是否是人民法院管辖范围内的行政诉讼案件。

（1）是否属于具体行政行为。

（2）所争议的具体行政行为是否属于法院司法审查的范围。我国《行政诉讼法》第11条、第12条采取列举、概括的方式规定了人民法院管理行政案件的范围。对于第12条规定的4类案件，人民法院不予受理，执业律师也不能代理。执业律师的审查应把握两个原则：①凡属涉及人身权、财产权的具体行政行为执业律师方可代为诉讼；②其他法律、行政法规明确规定人民法院应当受理的，执业律师可代理诉讼。

在审查中，执业律师应特别注意区分行政仲裁和行政调解后的案件，这两种行为是准司法行为，当事人之间的民事纠纷并不因为行政机关的调解、仲裁而改变性质，应属当事人之间的民事纠纷。

2. 审查当事人是否具备诉讼主体资格。

（1）审查原告资格。行政诉讼的原告，是认为行政机关及其工作人员的具体行政行为侵犯其合法权益的公民、法人及其他组织，有两种情况：行政处理决定的对象和行政处理对象的被侵害人。行政处理决定直接影响了处理对象的权利、义务，处理对象就具有原告资格。而对于行政处理对象的被侵害人，行政机关如何处理侵害人，关系到对他的权益的承认，关系到他的实体权利义务，包括：①被侵害人不服行政机关关于赔偿的裁决；②限于治安管理处罚领域，被侵害人不服行政机关对侵害人的处罚决定。如果委托人属这两种人，则具有行政诉讼的原告资格。

（2）审查被告资格。根据我国《行政诉讼法》第25条的规定，按照下列五种情况确定具体被告人：①公民、法人及其他组织直接向人民法院起诉的，做出具体行政行为的行政机关是被告。包括：当事人不服经上级行政机关批准的具体行政行为，向人民法院提起诉讼的，应当以在对外发生法律效力的文书上署名的机关为被告；行政机关组建并赋予行政管理职能但不具有独立承担法律责任能力的机构，以自己的名义做出具体行政行为，当事人不服提起诉讼的，应当以组建该机构的行政机关为被告；行政机关的内设机构或者派出机构在没有法律、法规或者规章授权的情况下，以自己的名义做出具体行政行为，当事人不服提起诉讼的，应当以该行政机关为被告。②经行政复议的案件，复议机关决定维持原具体行政行为的，做出原具体行政行为的行政机关是被告；复议机关改变原行政行为的，复议机关为被告。复议机关在法定期间内不做复议决定，当事人对原具体行政行为不服提起诉讼的，应当以做出原具体行政行为的行政机关为被告；当事人对复议机关不作为不服提起诉讼的，应当以复议机关为被告。③两个以上行政机关做出同一具体行政行为的，共同做出该具体行政行为的行政机关为共同被告。应当追加被告而原告不同意追加的，人民法院应当通知其以第三人的身份参加诉讼。④因法律、法规授权的组织做出具体行政行为的，该组织是被告。由行政机关委托的组织所做的具体行政行为，委托的行政机关是被告。⑤行政机关被撤销的，由继续行使其职权的行政机关作为被告。

法条链接：

《中华人民共和国行政诉讼法》

第二十五条　公民、法人或者其他组织直接向人民法院提起诉讼的，作出具体行政行为的行政机关是被告。

经复议的案件，复议机关决定维持原具体行政行为的，作出原具体行政行为的行政机关是被告；复议机关改变原具体行政行为的，复议机关是被告。

两个以上行政机关作出同一具体行政行为的，共同作出具体行政行为的行政机关是共同被告。

由法律、法规授权的组织所作的具体行政行为，该组织是被告。由行政机关委托的组织所作的具体行政行为，委托的行政机关是被告。

行政机关被撤销的，继续行使其职权的行政机关是被告。

（3）审查第三人资格。行政诉讼的第三人要具备两个基本要件：①同被诉的具体行政行为有直接的利害关系。②其参加诉讼的时间是行政诉讼已经开始、尚未裁决之前；参加诉讼的目的是为了维护自身的合法权益，可以申请参加或被人民法院通知参加；在诉讼过程中有权提出与本案有关的诉讼请求；对人民法院的一审判决不服，有权提出上诉。因此，执业律师应当审查第三人资格，以全面了解案件，也可以接受第三人委托代理诉讼。

（4）审查法定代理人的资格。对于未成年人、精神病患者等无诉讼行为能力的公民不能参加诉讼的，应由其法定代理人代为诉讼，委托律师也只能通过法定代理人进行。法定代理人必须符合两个条件：①代理权基于法律规定产生；②被代理人必须是无诉讼行为能力。执业律师应当审查法定代理人的身份和资格，方可接受委托。

3. 审查案件是否属于法律、行政法规规定必须先行复议的案件。对于此类案件，律师审查后，如果是属于必须先行复议的，则应告知当事人向行政机关申请复议，不服复议决定再起诉；如果属于可以申请行政复议，又可直接起诉的，则与当事人共同商定是先行复议还是直接起诉；律师还应注意有些行政复议决定是终局裁决，对其不服也不能起诉。

4. 审查案件是否在诉讼时效内。我国《行政诉讼法》及相关司法解释对行政诉讼的诉讼时效作了如下规定：

（1）申诉人不服复议决定的，可以在收到复议决定书之自起 15 日内向人民法院起诉。

（2）复议机关逾期不做决定的，申诉人可以在复议期满之日起 15 日内向人民法院起诉。

（3）公民、法人或其他组织直接向人民法院起诉的，应当在知道做出具体行政行为之日起 3 个月内起诉。行政机关做出具体行政行为时，未告知公民、法人或者其他组织诉权或者起诉期限的，起诉期限从公民、法人或者其他组织知道或者应当知道诉权或者起诉期限之日起计算，但从知道或者应当知道具体行政行为内容之日起最长不得超过 2 年。复议决定未告知公民、法人或者其他组织诉权或者法定起诉期限的，适用以上规定。公民、法人或者其他组织不知道行政机关做出的具体行政行为内容的，其起诉期限从知道或者应当知道该具体行政行为内容之日起计算。对涉及不动产的具体行政行为从作出之日起超过 20 年、其他具体行政行为从作出之日起超过 5 年提起诉讼的，人民法院不予受理。

（4）公民、法人或者其他组织因不可抗力或者其他特殊情况耽误法定期限的，在障碍消除后的 10 日内，可以申请延长期限，由人民法院决定。由于不属于起诉人自身的原因超过起诉期限的，被耽误的时间不计算在起诉期间内。因人身自由受到限制而不能提起诉讼的，被限制人身自由的时间不计算在起诉期间内。

（5）其他法律另有规定的，适用其他法律规定。

（二）庭前程序中的工作内容

如果代理律师接受了有关当事人的委托，在庭前程序中应当完成以下工作内容：

1. 原告代理律师调查取证，全面掌握案情。原告代理律师可通过下列途径调查取证，全面掌握案情：

（1）听取被代理人对案情的详细叙述；

（2）查阅与案件有关的材料，向有关人员调查取证。在行政诉讼中，原告对下列事项应承担证明责任：①证明起诉符合法定条件；②在起诉被告不作为的案件中，证明其提出申请的事实；③在一并提起的行政赔偿诉讼中，证明因受被诉行为侵害而造成损失的事实；④其他应当由原告承担证明责任的事项。

2. 撰写起诉状并向法院递交。起诉状的事实和理由部分主要说明行政机关具体行政行为的违法性或不当性，及起诉的法律依据和证据。同时要注意法院管辖的有关规定。

3. 整理并审查有关具体行政行为的各项证据材料。应当注意的是，被告代理律师不得自行向原告及有关证人调查取证。

4. 撰写答辩状并按时递交。被告应当在收到起诉状副本之日起 10 日内提交答辩状，并提供做出具体行政行为时的证据、法律依据；被告不提供或者无正当理由逾期提供的，应当认定该具体行政行为没有证据、法律依据。

（三）庭审程序中的工作内容

如果代理律师接受了有关当事人的委托，在庭审程序中应当完成以下工作内容：

1. 协助委托人行使程序性权利。在行政诉讼中，代理律师应当协助委托人行使其程序性权利，例如申请回避，申请延期审理、中止审理、终止审理、申请财产保全、先予执行等，代理律师应视情况需要协助委托人行使好这些权利，以保证诉讼的公正和顺利进行。

2. 参与法庭调查。在法庭调查中，代理律师应当做好以下工作：

（1）行政机关据以做出具体行政行为的事实是否存在，该事实与此行政行为是否相适应。

（2）行政机关做出该行政行为所依据的证据是否确实充分，证据的收集是否依法定程序。

（3）行政机关做出该行政行为所依据的法律、行政法规是否正确适当。

（4）行政机关做出该行政行为是否属违反法定职责、超越职权或滥用职权的情况。

（5）行政机关做出该行政行为是否符合法定程序。

（6）行政处罚是否显失公正，如果显失公正可以请求法院直接予以变更。

在法庭调查中，原被告双方应当适时地举证、质证，及时地申请传唤新证人，申请重新勘验、重新鉴定或提供新证据线索。

3. 参与法庭辩论。代理律师在这一阶段的主要工作是根据法庭调查查明的事实和经过法庭审查、质证所认可的证据，就行政机关该不该作出具体行政行为和所作具体行政行为适用的法律、行政法规正确与否进行综合性评述。主要围绕事实和法律两个方面展开论辩：

（1）与事实有关的问题。关于某项具体行政行为是否合法，应论证：做出行政行为的主体是否为合法主体，是否有此项行政权力，做出程序是否合法，行政行为与依据的事实是否适当、相对人是否为完全责任能力人等。

（2）适用法律的问题。论证行政机关做出的具体行政行为有无法律依据，主要论证该行为适用的法律条款是否适当，不但要论证行政机关针对某一特定的事与人适用某项法律、行政法规是否适合，还要进一步论证对某一特定对象适用该法的具体法律条款是否适当。

另外，在第一审判决后，代理律师还应当协助委托人做好上诉、申诉和执行等工作。

★ 思考题

1. 试述执业律师在行政诉讼中的权利和义务。

2. 在行政诉讼中，被告的代理律师为什么不得自行向原告和证人收集证据？

相关资源

1.《中华人民共和国律师法》。

2. 《中华人民共和国行政诉讼法》。

3. 《最高人民法院关于执行〈中华人民共和国行政诉讼法〉若干问题的解释。

4. 于立深："行政程序、行政正义与律师代理制度"，载《云南大学学报（法学版）》2007 年第 4 期。

5. 应星："行政诉讼程序运作中的法律、行政与社会——以一个'赤脚律师'的诉讼代理实践为切入点"，载《北大法律评论》2008 年第 1 期。

讨论交流

张明与田强两家相邻，2007 年 3 月 10 日，田强家建新房砌墙，张明之妻杨芳认为田家侵占了他家的宅基地，就去动手拆田家新砌的墙，因而与田强厮打起来，张明的儿子张亮也参与了打架，后被别人劝阻。3 月 15 日，县公安局以张明殴打田强致轻微伤害为由，根据《治安管理处罚法》对张明作出治安拘留 12 日的处罚裁决。张明不服，向所在市公安局申请复议，市公安局作出了维持原裁决的复议裁决。张明仍不服，向县人民法院提起行政诉讼，诉称其妻杨芳与田强打架时，他不在现场，县公安局做出处罚决定的依据是几份内容互相不一致的证人证言，以及卫生院出具的伤情证明，证据不足，因此所作的处罚裁决错误，故请求法院判决撤销被告做出的处罚裁决。县公安局经研究决定，由治安科科长和公安局聘请的王律师前去应诉。在准备工作中，王律师认为：诉讼案件应当"谁主张，谁证明"，我们不必着急收集证据，让原告去举证吧！

问题

（1）王律师的说法是否正确？为什么？

（2）作为县公安局的代理律师在这一诉讼中应当依法为哪些诉讼行为？

第九章

执业律师参与非诉讼法律事务
及担任法律顾问

学习单元一   执业律师参与非诉讼法律事务

 导　学

一、学习目的和要求

了解执业律师参与非诉讼法律事务的概念、特征，了解执业律师参与调解与仲裁以及其他非诉讼法律事务。

二、学习重点和难点

正确理解执业律师参与非诉讼法律事务的概念、特征，明确执业律师参与非诉讼法律事务的条件与基本方式。

学习本单元要注意的是，非诉讼法律事务与其他法律事务的区别，执业律师办理非诉讼法律事务的基本原则。

 学习内容

一、执业律师参与非诉讼法律事务概述

（一）执业律师参与非诉讼法律事务的概念及特征

执业律师参与非诉讼法律事务，是指执业律师接受公民、法人和其他组织的委托，通过诉讼外途径办理法律事务的一种业务活动。所谓非诉讼法律事务，是与诉讼法律事务相对而言的，指无争议的法律事务，以及已经发生争议而又不是通过诉讼来解决的法律事务。

非诉讼法律事务有两个基本特征：①它必须是能够产生民事法律后果的法律事实；②它必须是不通过诉讼方式办理的法律事务。

非诉讼法律事务与其他法律事务的区别主要有：

　　第一，它有别于法律顾问业务，法律顾问是一项综合性的法律服务业务，不仅执业律师要受只为聘方提供法律服务的制约，而且提供法律服务的内容是由多个独立的业务项目共同构成的，包括为聘方提供法律咨询，代拟法律事务文书，代理参加诉讼，办理非诉讼法律事务等，但却不能就其中一项独立称为法律顾问业务。而执业律师办理非诉讼法律事务，是一项单一的法律服务业务，它可以独立存在，且不受是否受聘担任法律顾问的制约。因此，两种情况不能相提并论。尽管在办理某些非诉讼法律事务中，执业律师起到法律顾问的作用，但这种作用并非法律顾问业务的本质特征，从某种意义上说，执业律师的各项业务无不具有法律顾问的属性，而不能因此说执业律师的业务都是法律顾问的业务。

　　第二，它有别于解答法律询问和代书业务，解答法律询问是指通过接待来访，采取口头方式，提供一般性的法律咨询服务，是一种独立的业务项目；而执业律师在办理非诉讼法律事务中所提供的法律咨询，并非一项独立的业务，而是为解决某个非诉讼法律事务附带实施的一种手段，一般采用出具法律意见书或法律建议书，必要时还需要参加有关会议进行研究和论证。所以，两者不能混同。同样，一般代书业务也不同于执业律师办理非诉讼法律事务中的代拟法律文书，前者是独立的一项律师业务，后者是依附于某个非诉讼法律事务所实施的辅助手段，因此，代书业务也不能归入非诉讼法律事务。

　　（二）执业律师参与非诉讼法律事务的基本原则

　　1. 当事人自愿的原则。当事人自愿原则的具体内容包括：①订立委托合同，确定委托事项和授权范围，必须尊重当事人的意志；②办理方式的选择，必须尊重当事人的意见，只要不违反法律规定，最终应由当事人择定；③采用调解、和解方式达成的协议，必须是当事人真实意志的表示，不得强加于人。

　　2. 以事实为根据，以法律为准绳的原则。执业律师办理非诉讼法律事务，在大多数情况下，是单独进行执业活动，因此坚持该项原则显得十分重要，从办事程序到实体问题，都是必须实事求是，依法办理。

　　3. 维护当事人合法权益的原则。执业律师承办非诉讼法律事务的主要责任是在约定的权限内，运用法律知识和业务技能，积极地去实现和保护当事人的合法权益。

　　4. 便民利民的原则。承办非诉讼法律事务，必须从便民利民角度出发，为此应力求改进工作作风和工作方法，简化手续，上门服务，提高工作效率和社会效益。

（三）执业律师参与非诉讼法律事务的条件

1. 必须基于当事人的委托授权。当事人是民事权利的主体，有权在法律允许的范围内处分自己的民事权利和诉讼权利，因此，对涉及自身民事权益的法律事务，有权自行决定请求保护的范围和方式，只有当事人聘请执业律师代为办理某些法律事务，并且明确表示不愿意或者不要求通过诉讼方式解决时，执业律师方可开展非诉讼法律事务的服务。

2. 执业律师办理的非诉讼法律事务必须真实合法并具有法律意义。执业律师代理的非诉讼法律事务，不论是尚未发生争议的法律事务，还是已经发生争议的法律事务，必须真实、合法。所谓具有法律意义，是指当事人所委托的事务，在执业律师接受代理后为当事人办理有关法律事项时，能够引起民事、经济法律关系的发生、变更或消灭。

3. 在诉讼外开展的业务活动。一般说来，对于那些当事人之间权益冲突尖锐、争议数额较大、诉讼时效即将届满的民事、经济纠纷，执业律师应建议委托人及时向人民法院起诉，通过诉讼途径解决；对于那些纠纷发生后，双方当事人都不愿意或都不要求诉至法院解决的，执业律师可以决定采取非诉讼代理的方式帮助当事人解纷息讼。

（四）执业律师参与非诉讼法律事务的工作内容

1. 代为实施单项法律行为或受托办理特定的法律事务。该项法律事务的特点是，当事人的权利义务关系明确，没有争议，可以一次完成，例如进行资信调查、申请营业执照、申办法人登记、申请专利、商标注册、代为招标投标、代办公证、出具法律意见书等。

2. 代理当事人与对方协商，参加调解、仲裁，或者代理当事人参加对不服行政裁决的申诉或申请复议。执业律师接受非诉讼当事人一方的委托，参加由调解机构或仲裁机构主持的调解和仲裁，具体内容如下：

（1）执业律师参与非诉讼调解，包括参与人民调解委员会的调解、有关主管机关的调解和仲裁委员会的调解。

（2）执业律师参与仲裁，包括参与国内仲裁、涉外仲裁、海事仲裁和劳动争议仲裁等。国内仲裁，是指双方当事人按照有关规定，事先或事后达成一定形式的协议，将他们之间的一定争议提交仲裁机构所进行的仲裁；涉外仲裁，是指在对外经济贸易中，当事人依据他们之间达成的仲裁协议，将他们之间发生的争议提交中国涉外仲裁机构所进行的仲裁；海事仲裁，是指中国籍当事人与外国籍当事人之间，或者外国籍当事人之间因海损事故引起赔偿纠纷所进行的仲裁；而劳动争议仲裁，则是指作为第三者的劳动争议仲裁机关，根据劳动争议当事人申请，依法对劳动争议所进行的仲裁。

律师参与涉外仲裁，既可以在中国的涉外仲裁机构进行，也可以参与外国仲裁机构的仲裁活动。

（3）代理申诉或申请复议。指执业律师接受不服行政裁决的非诉讼事件当事人的委托担任代理人，参加有关行政机关对该行政裁决的复查活动。

3. 代表当事人参加协商谈判活动或者代表当事人订立法律文书。在该项法律事务中，执业律师一般是作为法律专门人员参加谈判，向委托人提出法律意见，并为委托人草拟、审查有关法律文书。对于谈判中涉及的法律问题，执业律师应准确地予以解答。在谈判结束时，执业律师即应起草有关法律文书、办理公证手续等。

4. 以中间人身份主持调解、进行见证。执业律师主持调解，就是执业律师接受当事人双方或多方的委托，就当事人之间的纠纷，从中说合和排解矛盾，因此，它与调解机构或仲裁机构的调解不同，与法院的调解，更有本质的区别。

律师见证，是指律师事务所接受当事人的委托或申请，指派具有律师资格或法律职业资格，并有律师执业证书的执业律师，以律师事务所和见证律师的名义，就有关的法律行为或法律事实的真实性谨慎审查证明的一种律师非诉讼业务活动。

二、执业律师参与调解与仲裁

（一）执业律师参与调解

调解可以分为两种：一种是诉讼中的调解（法院调解），另一种是诉讼外的调解（非诉讼调解）。在实践中，执业律师参与非诉讼调解可以分为三种情况：①执业律师接受一方当事人的委托，以代理人身份参加调解组织或有关机关主持的调解活动；②执业律师接受一方当事人的委托，作为其代理人，直接与对方当事人进行协商促成和解；③执业律师接受双方当事人的委托，以中间人的身份，主持调解。上述三种情况中执业律师的身份地位各不一样。

（二）执业律师参与仲裁

仲裁是解决争议的一种重要方式，所谓仲裁，是指双方当事人在争议发生之前或者争议发生后达成协议，自愿将争议交给中立的第三方做出裁决，争议双方有义务执行该裁决，从而解决争议的一种非诉讼活动。我国目前主要的仲裁是国内经济合同仲裁、涉外仲裁和劳动争议仲裁。

1. 执业律师参与国内经济纠纷仲裁。国内经济纠纷仲裁的法律依据是1994 年 7 月颁布的《仲裁法》，明确平等主体的公民、法人和其他组织之间发生的合同纠纷和其他财产权益纠纷，可以仲裁，但婚姻、收养、监护、扶养、继承纠纷和依法应当由行政机关处理的行政争议等纠纷则不能仲裁。

执业律师应严格依《仲裁法》的规定开展代理工作，基本工作步骤与方法与民事代理基本相同，不同之处在于：①裁决机构不同；②在申请仲裁前要审查双方当事人是否有符合法律规定的仲裁协议；③仲裁裁决后的工作内容不同，仲裁裁决书一经做出即发生法律效力，当事人应自觉履行，否则可申请人民法院强制执行，但仲裁裁决有以下情形之一，执业律师可以代理当事人在收到裁决书之日起 6 个月内申请人民法院撤销裁决：①没有仲裁协议的；②裁决的事项不属于仲裁协议的范围或仲裁委员会无权仲裁的；③仲裁庭的组成或仲裁的程序违反法定程序的；④裁决所根据的证据是伪造的；⑤对方当事人隐瞒了足以影响公正裁决的证据的，仲裁员在仲裁该案时有行贿受贿、徇私舞弊、枉法裁决行为的。

2. 执业律师参与涉外仲裁。涉外仲裁，是指国际商事仲裁机构有权对特定的国际商事争议进行审理并做出有约束力的裁决，国际商事仲裁管辖权不同于法院的管辖权，从理论上讲，国际商事仲裁，必须有双方当事人的仲裁协议作为其国际商事仲裁机构对争议进行审理和裁决的基础依据。

3. 执业律师参加劳动争议仲裁。劳动争议，是指用人单位和劳动者之间因劳动权利义务发生分歧引起的争议。劳动争议仲裁委员会是仲裁处理劳动争议的专门机构，劳动争议的处理程序是，争议发生后，当事人可以向本单位劳动争议调解委员会申请调解，调解不成当事人可以向劳动争议仲裁委员会申请仲裁，当事人也可以直接向劳动争议仲裁委员会申请仲裁，对仲裁裁决不服的，可以向人民法院提起诉讼。其中，劳动争议调解不是处理劳动争议的必经程序，劳动争议仲裁才是必经程序。

执业律师代理劳动争议仲裁，除实施一般代理行为外，还应注意劳动仲裁所适用的法律、行政法规，以及仲裁程序中的时限规定，以维护委托人的合法权益。执业律师代理劳动争议仲裁的基本工作步骤与方法是：

向劳动争议仲裁委员会提交申诉书，应在当事人知道或应当知道其权利被侵害之日起 60 日内提出。仲裁委员会将在收到申诉书之日起 7 日内做出受理或不受理的决定。被诉人应当自收到申诉书副本之日起 15 日内提交答辩书和有关证据。然后执业律师参与仲裁庭调查证据，查明事实，进行调解。调解达成协议的，调解书送达当事人后即具有法律效力。调解不成的，仲裁庭开庭审理，并在组成仲裁庭之日起60日内结案，制作仲裁决定书。当事人对仲裁不服的，执业律师应代理其在收到仲裁决定书15日内向人民法院起诉，一方当事人期满不起诉又不执行的，执业律师可代理另一方当事人向人民法院申请强制执行。

三、执业律师参与其他非诉讼法律事务

（一）执业律师进行资信调查

资信调查，是指对往来客户的资金能力、商业信誉所进行的调查。对交易合作对方资信的调查了解，是经济活动的安全保障，是提高合同履约率的必要手段，尤其在对外交往、签订涉外经济合同中显得更为重要。执业律师进行资信调查一般包括以下内容：

1. 被调查者的民事主体资格。如果是经济组织，应了解其是否具有法人资格，有否进行工商登记、注册的法人名称、注册地址、主管机关批准的经营范围，如果是自然人，则应了解其是否具有完全民事行为能力。

2. 被调查者的经济状况。调查被调查者的经济状况，一般情况下包括以下内容：注册资本、实有资本、资产负债情况、收支情况、经营内容和经营水平，产销情况、产品设备、技术力量、生产能力等。

3. 被调查者的商业信誉。调查被调查者的商业信誉，一般情况下包括以下内容：产品质量、履约能力、以往的履约率等。

执业律师进行资信调查的途径，可以通过被调查者所在地的商务机构、金融机构、咨询机构或我国驻外使领馆，也可以通过当地的律师事务所，还可以通过与被调查者有过经济往来的第三人进行调查，必要时，还可直接要求对方当事人提供有关证明文件，如银行开具的资金证明等。调查外商的资信情况，可以通过中国银行或西方国家的工商团体及专业性的资信机构调查，对港澳台商的资信情况，可以通过我国政府部门授权的该地律师查询。

（二）执业律师出具法律意见书

执业律师出具法律意见书，是指执业律师应当事人的请求，针对某些非诉讼法律事务，包括法律行为、法律事实或法律文件，根据掌握的事实和材料，正确运用法律进行阐述与分析，做出肯定或否定结论，出具给当事人的书面意见。法律意见书的作用在于就当事人的某些法律问题给予书面解答，以便作为他们确定自己行为的法律依据。

在实践中，执业律师出具的法律意见书，主要适用于商业领域，包括以下几项内容：

1. 有关国家和地区对于投资的法律规定，并具体说明关于对外商投资的优惠政策和限制性规定。

2. 投资项目的合法性。

3. 投资合作者的资信情况，诸如主体资格、注册资本、负债情况、经营能力和水平、履约能力等。

4. 投资的申报、立项、审批程序和手续及其主管机关，提出应当注意的问题。

5. 应着重说明的是，参与涉外经济活动的中国国有企业是独立的法人组织，其从事的经济活动属于一般商业活动，而并非国家行为，其财产是不享有国际法规定的国家财产豁免权的，因此不会使外国投资者遭受不应有的损失。

执业律师出具法律意见书的具体内容，应当依据委托人所委托的内容具体加以确定，例如，执业律师为公司股票发行、上市出具的法律意见书，其内容应具备：引言，包括出具法律意见书的依据、范围、律师应当声明的事项；正文，包括发行人发行股票的主体资格，发行人的章程，本次发行、上市的授权和批准，本次发行、上市的实质条件，发行人的招股说明书，发行人所有或者授权使用、经营的主要财产，发行人的重大债权债务关系，发行人的环境保护和产品技术标准，发行人涉及的诉讼、仲裁或行政处罚，发行人的税务问题，发行人募股资金的运用，本次发行所涉及的其他中介机构，律师认为需要说明的其他问题和结论意见等。

（三）执业律师见证

执业律师见证，是指双方或多方当事人为设立某种权利、义务关系而实施特定的法律行为时，执业律师应其申请到场，对该项法律事实的真实性、合法性给予证明的活动。例如，外商在与我国公司、企业签订重大经济合同时，双方当事人常常要求执业律师见证。

执业律师见证应坚持真实性与合法性原则、当事人自愿原则、直接见证原则、公平见证原则、保密原则等。执业律师见证在实践中的一般做法是：审查见证事项和有关证据材料，包括审查当事人的主体资格（特别在双方当事人达成协议的签字仪式上或者会议上，执业律师应审查签字人的法人代表资格），审查见证事项的可行性，查明见证事项有否违反法律政策的规定，查明见证所需材料、文件是否完整齐备，当事人意思表示是否真实、清楚。经过审查，对于当事人所提供材料不完备者，执业律师应要求其补充；对见证事项有疑问者，应要求其做出说明。执业律师应在见证现场进行见证，出具见证书，或者在双方当事人所签订的法律文书中，写上执业律师的法律评语，由见证律师签名并加盖律师事务所的公章。

执业律师见证要承担相应的法律责任：必须认真地按照规定的见证制度办事，当一方或双方当事人在履行中违约、发生纠纷而诉诸法院时，见证律师则负有出庭作证的义务，执业律师或律师事务所拒绝作证的，应承担法律责任；执业律师若对明显失实或违法的文书予以见证，由此给当事人造成经济损失的，应根据情况负责赔偿，直至承担法律责任。

（四）执业律师代理公司、企业登记

根据我国相关法律、行政法规的有关规定，执业律师代理公司、企业登记业务的范围十分广泛，可以代理各类公司、企业办理设立登记、变更登记和注销登记等事务。

（五）执业律师代理申请行政复议

行政复议，是指公民、法人或者其他组织不服行政机关的具体行政行为，而提起申诉，由上一级行政机关或者法律、行政法规规定的其他机关、组织依法对该具体行政行为进行审查并做出裁决的活动。申请行政复议是当事人请求因违法或不当的行政行为给自己造成的损害予以补救的一种法律手段。因此，执业律师代理申请行政复议的目的，则是为解决有关行政机关实施的行政行为的合法性和适当性问题，以维护当事人的合法权益。

法条链接：

《中华人民共和国律师法》

第二十五条　律师可以从事下列业务：

（一）接受自然人、法人或者其他组织的委托，担任法律顾问；

（二）接受民事案件、行政案件当事人的委托，担任代理人，参加诉讼；

（三）接受刑事案件犯罪嫌疑人的委托，为其提供法律咨询，代理申诉、控告，为被逮捕的犯罪嫌疑人申请取保候审，接受犯罪嫌疑人、被告人的委托或者人民法院的指定，担任辩护人，接受自诉案件自诉人、公诉案件被害人或者其近亲属的委托，担任代理人，参加诉讼；

（四）接受委托，代理各类诉讼案件的申诉；

（五）接受委托，参加调解、仲裁活动；

（六）接受委托，提供非诉讼法律服务；

（七）解答有关法律的询问、代写诉讼文书和有关法律事务的其他文书。

★ 思考题

1. 执业律师参与非诉讼法律事务的基本条件。

2. 简述非诉讼法律事务的种类。

相关资源

1.《中华人民共和国律师法》。

2.《中华人民共和国仲裁法》。

3. 赵霄洛、张晓明："法律服务市场要素初探　律师服务的需求关系（上）"，载《中国律师》2009 年第 2 期。

4. 赵霄洛、张晓明："法律服务市场要素初探　律师服务的需求关系（下）"，载《中国律师》2009 年第 3 期。

5. 华峰、何佳："律师服务营销初探"，载《法制与社会》2011 年第 12 期。

6. 黎明琳："美国法律服务业发展的经验与启示"，载《改革与开放》2011 年第 6 期。

讨论交流

1. 甲公司与乙公司签订购买 1000 台机器的买卖合同。合同约定：双方如因履行合同发生纠纷，则将纠纷提交某市仲裁委员会裁决。在合同履行过程中，甲公司以货物质量不合格为由，拒付货款，为此产生纠纷。乙公司负责人来到某律师事务所，要求该所律师李某担任代理人，代为提出仲裁申请。

问题

（1）律师李某如果接受委托，应审查哪些内容？

（2）律师李某在申请仲裁前，应做好哪些准备工作？

2. 德国××有限公司在××市××经济特区和中国××总公司合作共建××特区××港综合深水码头项目，而请求××律师事务所就该项目的合法性以及中方合作者的资信情况等法律问题出具法律意见书。经审查，委托人提交的材料有请求函、项目建议书、合作意向书、有关政府部门的批准文件，中国××总公司法人营业执照（复印件）等均真实有效。

问题

（1）法律意见书应当包括哪些主要内容？

（2）请据此拟写一份完整的法律意见书。

学习单元二　执业律师担任法律顾问

 导　学

一、学习目的和要求

了解法律顾问的概念、种类，明确执业律师担任法律顾问的聘请程序。

二、学习重点和难点

正确理解执业律师担任法律顾问的工作方式与业务范围。

学习本单元要注意的是，执业律师担任企业法律顾问与担任政府法律顾问的工作重点和内容存在显著差异。

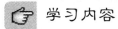 **学习内容**

一、法律顾问的概念和种类

法律顾问，是指国家机关、企事业单位、社会团体和公民个人为实现依法经营管理，排除不法侵害，维护自己的合法权益而聘请的为其提供专门法律服务的人员。

依据聘请法律顾问的聘方不同，法律顾问可以分为政府部门的法律顾问、企业的法律顾问、事业单位的法律顾问、社会团体的法律顾问、公民的法律顾问；根据聘请法律顾问的期限不同，法律顾问可以分为常年法律顾问（一般在1年以上）、临时法律顾问（一段较短的期限内就完成某一特定事项）；根据法律顾问工作范围的不同，法律顾问可以分为专项法律顾问（指有特定工作范围的法律顾问，顾问律师依聘请合同的约定只就某一类、某一方面的法律事务，或者甚至只就某个项目涉及的法律事务向聘方提供法律服务，如就股票发行、上市提供法律服务）、一般法律顾问（指无特定工作范围的法律顾问，顾问律师依聘请合同须就聘方各种活动涉及的全部法律事务，提供全方位的法律服务，而不只限定于某一特定事项或特定方面的法律服务）。

二、法律顾问的聘请

律师事务所与聘方之间签订的聘请法律顾问合同是执业律师应聘担任法律顾问的法律依据，双方是平等的合同法律关系，应依合同的约定享有相应的权利，并各自履行相应的义务。聘请法律顾问合同一般应包括以下主要内容：①明确双方同意根据《律师法》建立聘请法律顾问合同关系；②合同双方的法定名称及受聘方指派的律师姓名；③聘方的权利、义务；④法律顾问的具体工作范围和职责；⑤法律顾问的具体工作方式、联系办法；⑥法律顾问酬金数额、支付办法；⑦违约责任和争议处理办法；⑧合同的中止、变更和解除条款；⑨合同的生效和有效期限；⑩双方约定的其他必要事项等。

三、法律顾问的业务范围

（一）企业法律顾问的业务范围

在律师实务中，企业法律顾问的具体业务范围一般包括以下内容：①解答法律询问；②为企业的经营决策提供法律依据和法律建议；③起草、准备或审查修改合同及其他法律文书；④参与重大合同的谈判；⑤代理参加调解、仲裁和诉讼活动；⑥受托办理其他经济法律事务；⑦协助企业建立、健全内部各种规章制度；⑧协助企业建立法律事务机构，进行法律培训等。

（二）政府法律顾问的业务范围

在律师实务中，执业律师受聘担任政府法律顾问，为政府机关及其领导人提供法律服务和法律帮助，以促进政府行政工作法制化，并维护政府合法权益，保障政府在法律、行政法规规定的权限内依法行政，司法部《关于律师担任政府法律顾问的若干规定》规定了政府法律顾问的以下工作职责：①为政府宏观决策提供法律依据和法律建议；②协助政府依法管理经济；③协助政府草拟、审查、修改规范性法律文件；④协助政府处理纠纷；⑤促进政府法制建设等。

★ **思考题**

1. 简述聘请法律顾问合同的基本内容。
2. 简述政府法律顾问的具体业务范围。

相关资源

1.《中华人民共和国律师法》。

2.《中华人民共和国合同法》。

3.《司法部关于律师担任政府法律顾问的若干规定》。

4. 廖初民："企业法律顾问的角色定位"，载《现代企业》2010 年第 7 期。

5. 张平："公司律师立足企业做好法务工作大有可为"，载《法制与社会》2011 年第 12 期。

6. 吴少鹰："我国建构政府律师制度的思路与途径探究"，载《中国司法》2006 年第 4 期。

7. 闫博慧："论如何完善政府律师制度"，载《河北学刊》2010 年第 5 期。

8. 谢惠定："律师参与政府重大决策若干问题研究"，载《中国司法》2011 年第 3 期。

9. 沈群、刘志强："政府法律顾问制度规范化思考"，载《法制与社会》2011 年第 11 期。

讨论交流

我国企业聘请常年法律顾问的比例相对较低，之所以出现这种情况，一定程度上是因为许多企业对聘请常年法律顾问的认识存在着许多误区，有些企业认为：①法律顾问只是企业的"消防员"，即处理诉讼、仲裁案件以及纠纷事件。在企业日常管理中遇到问题时不注意和法律顾问沟通，只有在双方闹到不可开交的时候才让法律顾问出面解决，而这时问题往往难以解决。②将法律顾问作为企业的一个摆设，顾而不问。有些企业将聘请法律顾问作为时髦的事情，根本没有发挥法律顾问的作用，在顾问期内根本没有沟通，只是将聘请法律顾问对外挂在嘴边。

问题

（1）阅读上述材料，谈谈你对企业法律顾问的看法。

（2）企业法律顾问在企业的经营活动中有何作用？

第十章

执业律师参与法律援助及咨询与代书

学习单元一 执业律师参与法律援助

 导 学

一、学习目的和要求

了解律师法律援助的概念、意义，明确执业律师在法律援助中的权利和义务。

二、学习重点和难点

正确理解律师法律援助的对象、范围和方式。

学习本单元要注意的是，执业律师在法律援助中的地位、权利和义务。

学习内容

一、律师法律援助的概念

法律援助制度，是指国家在司法制度运行的各个环节和各个层次上，对因经济困难或其他因素而难以保障自身基本权利的社会弱者，减免收费，提供法律帮助的一项法律保障制度。律师法律援助属于一种狭义上的法律援助，是指执业律师对经济有困难的或有特殊情况的当事人无偿提供法律帮助，以促使其实现自己合法权益的一种法律制度。

二、律师法律援助的意义

随着时代的发展和进步，建立与实施律师法律援助具有如下重要意义：

（一）律师法律援助有利于推动我国社会文明的发展和社会的进步

在司法实践中，律师法律援助为全社会所有需要获得法律帮助的贫弱者提供全方位的法律服务，使社会大众的合法权益都能得到有效保障，因此，

建立与实施我国律师法律援助，有利于促进社会主义法治的健全与完善，由此推动我国社会文明的发展和社会的进步。

（二）律师法律援助有利于维护当事人的合法权益，保障公民的基本权利，最大限度地实现社会正义

对于社会中的贫弱者，要实现和维护其合法权益，离不开从事专门法律服务工作的执业律师的援助，执业律师接受过法律专业的学习，熟悉并精通法律知识，有一定的办案经验，律师法律援助可以促使和协助司法机关充分查明事实，正确适用法律，有利于确保国家法律得到普遍、公正的实施，使公民的基本权利得到全面可靠的保障，并最大限度的实现社会正义。

（三）律师法律援助有利于提高律师职业道德水平，强化律师执业纪律

对于执业律师来讲，娴熟法律、精通业务、能言善辩固然重要，而忠于职守、恪守职业道德则是执业律师执业的基础与根本。执业律师以高度的正义感和责任心投入到法律援助中，对社会中的贫弱者，伸出救援之手，积极遵循我国《律师法》对执业律师提出的要求，承担法律援助义务，尽职尽责，为受援人提供法律服务，为社会贫弱者伸张正义，主持公道，仗义执言，从而切实维护和实现社会贫弱者的合法权益。

三、律师法律援助的条件

根据我国法律、行政法规的相关规定，律师法律援助的条件可以分为一般性条件和特殊性条件两种情况：

（一）一般性条件

1. 有充分理由证明为保障自己的合法权益需要法律帮助。需要法律帮助是指，当事人自己不懂得法律，不借助法律援助人员的法律帮助就不能有效地保障自身合法权益。

2. 因经济困难无能力或无完全能力支付法律服务费用。衡量申请人是否符合此标准，主要是根据各地经济发展和群众生活的水平，参照当地政府所确定的最低生活保障线标准和劳动部门制定的失业救济标准来确定。

（二）特殊性条件

特殊性条件，是指符合法律明文规定的当事人，无需审查其是否具备以上一般性条件，即可经过法律援助机构指定获得法律援助。例如我国《刑事诉讼法》第34条规定，犯罪嫌疑人、被告人是盲、聋、哑人，或者是尚未完全丧失辨认或者控制自己行为能力的精神病人，没有委托辩护人的，人民法院、人民检察院和公安机关应当通知法律援助机构指派律师为其提供辩护。

犯罪嫌疑人、被告人可能被判处无期徒刑、死刑，没有委托辩护人的，人民法院、人民检察院和公安机关应当通知法律援助机构指派律师为其提供辩护。

四、执业律师在法律援助中的地位、权利与义务

（一）执业律师在法律援助中的地位

在《法律援助条例》（以下简称《条例》）颁布之前，有关我国法律援助的相关规定，散见于《律师法》、《刑事诉讼法》、《民事诉讼法》，以及《司法部关于开展法律援助工作的通知》等法律、行政法规及行政规章中，不仅零散和混乱，而且缺乏相互的衔接，也过于原则和笼统。

随着《条例》的颁布，确立了我国法律援助制度的基本框架，形成了以政府为主导，以法律援助中心为依托，法律援助机构工作人员、执业律师等共同实施具体工作的法律援助模式。《条例》第6条规定，律师应当依照律师法和本条例的规定履行法律援助义务，为受援人提供符合标准的法律服务，依法维护受援人的合法权益，接受律师协会和司法行政部门的监督。该条规定确立了执业律师在法律援助制度中的地位，即受法律援助中心指派的，受政府和律师协会共同监督的法律援助工作实施者。

（二）执业律师在法律援助中的权利

执业律师在法律援助中，应当享有以下权利：

1. 执业律师享有在办理法律援助事务中获得经济补贴的权利。根据《条例》第24条的规定，受指派办理法律援助案件的律师或者接受安排办理法律援助案件的社会组织人员在案件结案时，应当向法律援助机构提交有关的法律文书副本或者复印件以及结案报告等材料。法律援助机构收到前款规定的结案材料后，应当向受指派办理法律援助案件的律师或者接受安排办理法律援助案件的社会组织人员支付法律援助办案补贴。法律援助办案补贴的标准由省、自治区、直辖市人民政府司法行政部门会同同级财政部门，根据当地经济发展水平，参考法律援助机构办理各类法律援助案件的平均成本等因素核定，并可以根据需要调整。

2. 执业律师享有在法定情形下提请法律援助机构审查终止法律援助的权利。根据《条例》第23条的规定，办理法律援助案件的人员遇有下列情形之一的，应当向法律援助机构报告，法律援助机构经审查核实的，应当终止该项法律援助：①受援人的经济收入状况发生变化，不再符合法律援助条件的；②案件终止审理或者已被撤销的；③受援人又自行委托律师或者其他代理人

的；④受援人要求终止法律援助的。该条规定授予了执业律师在上述情况下提请法律援助机构审查终止法律援助的权利。

（三）执业律师在法律援助中的义务

执业律师在法律援助中，应当承担以下义务：

1. 承担法律援助的义务。法律援助制度的建立，对于完善社会保障体系，促进司法公正，实现公民在法律面前人人平等的法律原则具有重要意义。根据《条例》第27条的规定，律师事务所拒绝法律援助机构的指派，不安排本所律师办理法律援助案件的，由司法行政部门给予警告、责令改正；情节严重的，给予1个月以上3个月以下停业整顿的处罚。第28条规定，律师有下列情形之一的，由司法行政部门给予警告、责令改正；情节严重的，给予1个月以上3个月以下停止执业的处罚：①无正当理由拒绝接受、擅自终止法律援助案件的；②办理法律援助案件收取财物的。

2. 保证法律服务质量的义务。根据《条例》第6条规定，律师应当依照律师法和本条例的规定履行法律援助义务，为受援人提供符合标准的法律服务。本条规定是对执业律师提供法律援助服务质量上的法律要求。

五、执业律师提供法律援助的对象、范围与形式

根据我国有关法律、行政法规的规定，我国律师法律援助有着自身所特有的对象、范围与形式，具体内容包括：

1. 律师法律援助的对象。根据我国《条例》第二章的规定，律师法律援助的受援对象是公民，主要是指需要法律援助、无力支付律师费用的我国公民。

2. 律师法律援助的范围。根据《条例》的有关规定，公民对六种需要代理的民事、行政事项，因经济困难没有委托代理人的，可以向法律援助机构申请法律援助。这六大事项是：依法请求国家赔偿的；请求给予社会保险待遇或者最低生活保障待遇的；请求发给抚恤金、救济金的；请求给付赡养费、抚养费、扶养费的；请求支付劳动报酬的；主张因见义勇为行为产生的民事权益的。各省、自治区、直辖市人民政府还可以对此六项以外的法律援助事项作出补充规定。此外《条例》还规定，刑事案件的被告人是盲、聋、哑人或未成年人，以及可能被判处死刑，没有委托辩护人的，由法律援助机构依法指定辩护人，无须审查其经济状况。上述范围的确定，为执业律师提供法律援助的范围提供了法律依据，也保障了有限的法律援助资源得以为目前最需要法律援助的社会弱势群体享用。

3. 律师法律援助的主要形式。根据《条例》的有关规定，实施律师法律援助主要有以下几种形式：

（1）执业律师为需要获得法律帮助又无力支付律师费用的诉讼当事人，免费担任其代理人或辩护人，帮助诉讼当事人实现其合法的诉讼请求，这是律师法律援助的最主要的形式。

（2）执业律师为当事人无偿提供法律帮助，担任代理人参加有争议的非诉讼法律事务的调解、仲裁和其他大量无争议的非诉讼法律事务的代理活动。

（3）执业律师免费为经济困难的当事人代写各类法律文书、免费提供法律咨询，这也是律师法律援助应经常开展的形式。

法条链接：

《法律援助条例》

第十条　公民对下列需要代理的事项，因经济困难没有委托代理人的，可以向法律援助机构申请法律援助：

（一）依法请求国家赔偿的；

（二）请求给予社会保险待遇或者最低生活保障待遇的；

（三）请求发给抚恤金、救济金的；

（四）请求给付赡养费、抚养费、扶养费的；

（五）请求支付劳动报酬的；

（六）主张因见义勇为行为产生的民事权益的。

省、自治区、直辖市人民政府可以对前款规定以外的法律援助事项作出补充规定。

公民可以就本条第 1 款、第 2 款规定的事项向法律援助机构申请法律咨询。

第十一条　刑事诉讼中有下列情形之一的，公民可以向法律援助机构申请法律援助：

（一）犯罪嫌疑人在被侦查机关第一次讯问后或者采取强制措施之日起，因经济困难没有聘请律师的；

（二）公诉案件中的被害人及其法定代理人或者近亲属，自案件移送审查起诉之日起，因经济困难没有委托诉讼代理人的；

（三）自诉案件的自诉人及其法定代理人，自案件被人民法院受理之日起，因经济困难没有委托诉讼代理人的。

第十二条　公诉人出庭公诉的案件，被告人因经济困难或者其他原因没有委托辩护人，人民法院为被告人指定辩护时，法律援助机构应当提供法律援助。

被告人是盲、聋、哑人或者未成年人而没有委托辩护人的，或者被告人可能被判处死刑而没有委托辩护人的，人民法院为被告人指定辩护时，法律援助机构应当提供法律援助，无须对被告人进行经济状况的审查。

★ **思考题**

1. 简述律师法律援助的意义。
2. 简述执业律师在法律援助中的权利与义务。

相关资源

1. 《中华人民共和国律师法》。
2. 《法律援助条例》。
3. 邓路遥："法律援助供给模式及其改革"，载《广西政法管理干部学院学报》2010 年第 4 期。
4. 毛洪涛："法律援助不辱使命"，载《中国律师》2010 年第 9 期。
5. 申玉恩："关于完善我国法律援助制度的几点思考"，载《中国司法》2010 年第 12 期。
6. 刘永奇："民国法律援助制度初探——以北平律师公会为中心"，载《法制与社会》2010 年第 5 期。
7. 白春花："法律援助值班律师制度比较研究"，载《河南司法警官职业学院学报》2008 年第 4 期。
8. 王舸："日本法律援助制度综述"，载《中国司法》2010 年第 9 期。
9. 王军益："美国法律援助制度简况及启示"，载《中国司法》2011 年第 2 期。

讨论交流

1. 某律师事务所张律师接受了法律援助中心的指派，免费为八十多岁的李大伯提供法律援助，代理其向人民法院提起诉讼，请求其儿女支付赡养费。但在法庭开庭当天，张律师因另一案件要出庭应诉，便没有为李大伯出庭代理。后李大伯找到张律师，张律师说，本来就是免费的，已经给你写好了诉状，并已向法院起诉，我的援助义务已完成。

问题

在本案中，张律师是否正确履行了法律援助的义务？

2. 2007 年 4 月 1 日，赵某 10 岁的儿子南南在家门口的 211 国道边玩耍时，被王某驾驶的大客车撞伤。事故经当地交警队事故责任认定：肇事驾驶员王某负主要责任，受害人南南负次要责任。面对随时都有生命危险的孩子和每天一千多元的抢救治疗费，赵某一筹莫展。赵某经人介绍来到当地市法律援助中心提出了援助申请。该市法律援助中心在审查了相关条件后，当即表示要把此案作为重点援助案件由市法律援助中心直接办理，指派 1 名律师前往运输公司交涉支付医疗费用事宜，经多方协调，该公司才同意先行垫付两万元。为了使南南得到及时医治，在征求其法定代理人赵某的意见后，律师决定采取非诉讼的调解方式，促使事故双方达成调解协议。刚开始由于双方对赔偿的款项差距太大，意见不一致。于是，律师便不厌其烦地做肇事人的思想工作，讲解法律知识，动之以情、晓之以理。经过耐心细致的说服工作，终于在第五次调解中达成了协议，由肇事方王某承担各项费用 19 万元。

问题

阅读上述材料，谈谈你对律师法律援助的看法。

学习单元二　执业律师参与法律咨询与代书

 **导　学**

一、学习目的和要求

了解执业律师法律咨询与代书的概念、特点，明确执业律师法律咨询的方式与代书应注意的问题。

二、学习重点和难点

正确理解执业律师代书的范围及应注意的问题。

学习本单元要注意的是，执业律师不予代书起诉状的几种情况。

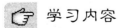 学习内容

一、法律咨询的概念和特点

法律咨询，是指执业律师就当事人提出的法律问题，给予解答、做出说

明、提出建议以及提供解决问题方案的一种业务活动。

执业律师的法律咨询业务具有以下几个特点：

1. 服务对象的广泛性。执业律师法律咨询的服务对象包括我国（包括港澳台地区）公民，国家机关、企事业单位、其他单位和组织，以及国外的公民、法人和其他经济组织等。

2. 服务内容的广泛性。执业律师法律咨询的服务内容涉及领域较广，从婚姻家庭到国家政策，从国内法律问题到涉外法律问题；有涉及诉讼的，也有涉及一般的非诉讼事务的。

3. 经常性、普通性。法律咨询业务是律师事务所的一项基础性的工作，是执业律师为社会提供法律服务最简便、最直接、最普遍的工作方式。

法律咨询工作能够为公民和法人排忧解难，通过法律咨询，可以普及法律知识，宣传社会主义法制，增强公民的法律意识。法律咨询工作是执业律师联系实际、了解社会的重要窗口，也为执业律师积累了大量的第一手资料，促使律师进一步深入钻研法学理论，丰富法律知识，对立法、司法工作也具有很重要的参考价值。

二、执业律师解答法律咨询的方式

解答法律咨询一般有口头解答和书面解答两种方式，各有其特点。

（一）口头解答

律师口头解答法律咨询，首先应作好登记工作，将咨询者的姓名、性别、年龄、民族、籍贯、文化程度、工作单位、职务、住址以及解答时间等事项填写在《解答法律咨询登记表》中，然后进行解答。口头解答中要注意以下几个基本环节：

1. 认真倾听。在咨询者叙述有关事实时执业律师应当认真倾听，并适当加以引导，帮助咨询者说明问题，弄清问题的实质。

2. 仔细审阅。执业律师在听取咨询者陈述的同时，还应当认真审阅咨询者提供的有关书面材料，如果必要，可以要求咨询者补充某些书面材料。

3. 有针对性地提问。执业律师在听取咨询者陈述时，应当有针对性地加以提问，一方面，可以帮助咨询者认真回忆有关具体情节；另一方面，可以帮助咨询者省却不必要的陈述，尽快了解案件事实。

4. 综合分析。执业律师通过倾听、审阅和询问，对获得的信息加以综合分析，找出问题的关键所在，然后根据法律、政策的规定，认真负责地为咨询者指出解决问题的方法和途径。

5. 正确解答。执业律师在回答咨询时应注意针对性、通俗性，即一方面必须有的放矢，对咨询者的提问给予明确可行、合理合法的答复；另一方面，要针对咨询者的具体情况，采用通俗的语言加以回答，使咨询者听清、听懂。

上述几个环节是相互联系、不可分割的，执业律师在实践中往往是灵活掌握、综合运用的。

（二）书面解答

书面解答法律咨询是律师就公民或法人来访或来信来函提出的问题，根据法律以书面形式做出解答。书面解答法律咨询要注意掌握好两个环节：一是要认真阅读来信和来访人提供的有关材料，掌握有关的主要事实，同时要根据有关材料分析所述情况是否真实以及来信来访人的意图；二是要针对性强，文字清晰明确，语言通俗易懂。

三、代书的概念和意义

代书，即代写法律文书，是我国执业律师的主要业务之一。律师代书，即指执业律师受当事人的委托，以委托人的名义，以事实为根据，以法律为准绳，为当事人书写有关法律文书的业务活动，其重要意义如下：

1. 执业律师代书可以宣传社会主义法制，提高公民的法律意识。

2. 执业律师代书能够为公民和法人提供法律帮助，维护其合法权益。

3. 执业律师代书工作可以为人民法院立案和审判工作奠定良好的基础，促进诉讼的顺利进行。执业律师代书不仅能够清楚、准确地表述案件事实，而且能够严格根据法律规定阐明当事人的诉讼理由和诉讼请求。这些都为人民法院的立案和审判工作提供了良好的条件。

4. 执业律师为企业、事业单位或公民代写法律文书（如合同、协议、遗嘱等）能做到周密严谨，严格依据法律，防止经济纠纷或发生经济纠纷后，能使纠纷得到及时正确的处理，以维护公民和法人的合法权益。

四、执业律师代书的特点

执业律师代书具有以下几个特点：

1. 以委托人的名义书写。执业律师以委托人的名义代书，反映委托人的合法意志，但是，执业律师代书并不是完全照搬委托人的意志，而是应以事实为根据，以法律为准绳，在内容上不得违背客观事实和现行法律的规定，对于明显错误不当的要求，执业律师应当耐心说服委托人放弃，如果当事人拒不改正，执业律师有权拒绝代书。

2. 代书的内容必须具有法律意义。执业律师代书，主要是代写诉讼文书，如起诉状、上诉状、答辩状、申诉状等，此外，还包括合同、遗嘱等其他涉及法律事务的文书。如不涉及法律事务，则不宜由执业律师代书。

3. 代书是执业律师的一种创造性活动。代书不是代笔，不仅仅是对当事人陈述事实的简单罗列和有关法律条文的堆砌，而是执业律师综合运用其法律知识、逻辑知识、文字表达等技能，对有关事实和法律进行提炼的结果。

五、执业律师代书的范围及应注意的问题

（一）代书的范围

根据有关法律规定，执业律师的代书范围可包括诉讼文书和其他有关法律事务的文书。诉讼文书是指在各个诉讼阶段为完成一定的诉讼行为而制作的有关法律文书。诉讼文书适用于刑事、民事和行政诉讼的各个阶段，例如民事诉讼中的答辩状、上诉状、申诉状、回避申请书、重新鉴定申请书、调取物证、书证申请书等。其他法律事务文书是指诉讼文书以外的其他有关法律事务的文书。如各种合同、章程、公证申请书、仲裁申请书、收养协议书、遗嘱、遗赠抚养协议书等。

（二）代书应注意的问题

执业律师代书应注意以下问题：

1. 坚持以事实为根据，以法律为准绳进行代书。

2. 代书语言的应用应当符合法律要求，语言应当准确严谨，没有歧义。

3. 代书的格式和内容应尽可能完整周到，必要时可以参考相关的范本。

4. 在以下情况中，执业律师不予代书。根据有关法律规定，属于以下几种情况之一的，执业律师不宜为当事人代书：

（1）属于刑事公诉案件的，不应代写起诉状，这是因为公诉案件的起诉权由人民检察院行使，如果受害人要求代书，可以代写控告书。

（2）属于刑事自诉案件，但是被告人的行为情节显著轻微，不构成犯罪的，应当说服当事人息讼，不予代书。

（3）超过诉讼时效、追诉时效的，不予代书。

（4）判决不准离婚或经人民法院调解不离婚的案件。没有新的事实和新的理由，在6个月内又起诉的案件，不予代书。

（5）诉讼请求不合法或请求明显不合理，耐心说服教育以后，当事人仍固执己见的，可以拒绝代书。

★ 思考题

1. 简述执业律师解答法律咨询的方式。
2. 简述执业律师代书的特点。

相关资源

1. 《中华人民共和国律师法》。
2. 周道鸾主编：《法律文书教程》，法律出版社 2007 年版。
3. 高云：《思维的笔迹（下）：真实案例与写作进阶训练》，法律出版社 2009 年版。

讨论交流

1. 小雨因生病被送至李某经营的小诊所进行治疗，未曾想病没看好，反倒丢了性命。小雨的父母要求李某承担赔偿责任，李某拒绝。于是，小雨的父亲到律师事务所进行法律咨询。律师详细了解案情后，告知小雨的父亲向法院提起诉讼。小雨的父亲按照律师的建议向法院提起诉讼，将李某告上法庭。法院经过审理，认为李某没有医生执业证，属非法行医，存在误诊、误治的不当行为和过失，导致延误治疗且促进了小雨死亡结果的发生，该不当行为和过失与小雨的死亡结果存在因果关系。因此，判决李某向小雨的父母赔偿各项费用共计 32 万余元。

问题

阅读上述材料，谈谈你对律师法律咨询的看法。

2. 张三，女，45 岁，农民，重庆市北碚区歇马镇歇马村人，2005 年起在西南大学后勤集团承担保洁工作；李四，男，47 岁，农民，歇马村人，系张三之夫；李五，李四与张三之子，四岁。

案情：2008 年 12 月 1 日，张三下班回家途中，在西南大学南门人行横道边被王六驾驶的巴士公司渝 A12345 客车撞飞。当即送往第九人民医院，经抢救，性命无忧，但双腿已高位截瘫。北碚区交警大队交通事故认定书认定，机动车方负完全责任。经人身伤残鉴定，构成一级伤残（鉴定费 2000 元）。张三每天的固定收入为 50 元，住院天数为 100 天，住院期间护理人数为 2 人，出院后仍需 1 人护理。机动车投保了 20 万元的第三者强制责任险。

问题

如果你是张三的代理人，请根据上述案情，代书起诉状一份。

3. 2008 年 11 月～12 月，福田法院受理了陈某、曾某诉某网络通信有限公司深圳市分公司、某电信股份有限公司深圳分公司等电信服务合同纠纷，约 30 宗系列案件。福田法院依法受理后，陈某向法院提出，这批系列案不能合并审理，要分别审理，并且每天开庭不能超过两宗。

福田法院经过审查，认为该系列案件可以合并审理，法院依法未准许陈某的要求。

该系列案依法审理后，法院分别于 2009 年 2 月 16 日、25 日作出了一审判决。陈某收到判决书后，于 2009 年 3 月 20 日，分别向福田法院邮寄了其中 5 个案件的上诉状，各一式两份。令人奇怪的是，其在 5 个案件的上诉状中，没有陈述不服一审判决的任何事实和理由，而在上诉状的事实和理由一栏中仅有一个字"操"。

收到另类上诉状，承办法官电话联系陈某并告知，你这样做是违法的，你要到法院作出情况说明，还要修改上诉状。但陈某明确拒绝，同时也没到法院作出解释。

福田法院认为，鉴于陈某在诉讼文书中使用粗俗、下流的语言，侮辱司法工作人员，且无悔改之意，其行为已对民事诉讼构成严重妨碍，依据我国《民事诉讼法》第 102 条的规定，法院决定对陈某实施拘留 15 天的处罚。

2009 年 4 月 23 日晚 9 时许，陈某被福田法院依法实施拘留措施。2009 年 4 月 24 日，陈某向市中级人民法院申请复议，市中级人民法院于 2009 年 4 月 28 日作出"驳回申请，维持原决定"的复议决定。

问题

阅读上述材料，谈谈你对本案中陈某的上诉状的看法。

复习思考题

一、单选题

1. 律师制度最早萌芽于 （   ）。

A. 古希腊的雅典   B. 古罗马时期

C. 资产阶级革命时期   D. 二战后

2. 古罗马的 （   ） 制度被认为是世界各国律师制度的起源。

A. 讼师   B. 僧侣辩护

C. "保护人"   D. "辩护士"

3. 合伙律师事务所设立律师分所，批准审核机关为 （   ）。

A. 司法部   B. 县级司法局

C. 省级人民政府   D. 省级司法行政机关

4. 合伙律师事务所解散，对清偿债务后的剩余财产的正确分配方法为

（   ）。

A. 民主决定   B. 按合伙协议

C. 按贡献大小   D. 按工作时间长短

5. 外国律师不可以在我国从事的法律活动为 （   ）。

A. 为外国企业提供法律服务   B. 在我国开设律师事务所分所

C. 为外国公民出庭辩护   D. 非诉讼业务

6. 在行政诉讼中，律师作为被告的诉讼代理人 （   ）。

A. 可以自行取证   B. 不得重新取证

C. 不负举证责任   D. 可以提出和解

7. 律师参加刑事辩护活动，是以 （   ）。

A. 被告人的名义进行的   B. 律师自己的名义进行的

C. 律师事务所的名义进行的   D. 被害人的名义进行的

8. 律师在刑事案件中有权到场陈述意见的程序有（　　）。

A. 人民检察院审查起诉程序　　　　B. 第一审程序

C. 死刑复核程序　　　　　　　　　D. 批准逮捕程序

9. 律师与犯罪嫌疑人之间的谈话内容，应当（　　）。

A. 在开庭时向法官陈述　　　　　　B. 开庭前告知公诉人

C. 对外保守秘密　　　　　　　　　D. 允许侦查人员旁听

10. 律师在诉讼中不能查阅的案卷内容是（　　）。

A. 证人证言　　　　　　　　　　　B. 受害人陈述

C. 合议庭讨论笔录　　　　　　　　D. 鉴定结论

11. 外国籍的当事人如果在我国参加民事诉讼，其委托的诉讼代理人应当是（　　）。

A. 中国律师　　　　　　　　　　　B. 本国律师

C. 我国普通公民　　　　　　　　　D. 我国国家机关工作人员

12. 律师在刑事案件中的阅卷权的起始阶段为（　　）。

A. 犯罪嫌疑人被逮捕时　　　　　　B. 侦查终结时

C. 案件移送审查起诉时　　　　　　D. 一审法院开庭时

13. 在我国刑事审判中，一名被告人委托律师的数量至多为（　　）。

A. 1 名　　　　　　　　　　　　　B. 2 名

C. 3 名　　　　　　　　　　　　　D. 10 名

14. 律师在刑事案件中担任辩护人时，其诉讼地位为（　　）。

A. 应当服从于被告人意志　　　　　B. 独立的诉讼参与人

C. 服从于社会公益　　　　　　　　D. 媒体代言人

15. 律师对证人询问取证时，（　　）。

A. 可以引诱证人作证　　　　　　　B. 无需出示相关证明

C. 可以适当修改询问笔录　　　　　D. 应当由证人最后审核笔录

16. 下列说法正确的是（　　）。

A. 通常情况下，律师可以拒绝辩护或者代理

B. 有正当理由，不经过当事人的同意，律师也不得拒绝辩护或者代理

C. 无正当理由，当事人不得单方面解除委托

D. 无正当理由，律师不得拒绝辩护或者代理

17. 律师在执业活动中知悉当事人有其他犯罪罪行时，可以（　　）。

A. 帮助当事人隐匿、销毁证据　　　B. 为当事人保守秘密

C. 主动揭发罪行   D. 保持消极沉默

18. 在律师事务所为委托人提供服务过程中，不应当由委托人另行支付的费用是（   ）。

A. 鉴定费   B. 公证费

C. 律师服务费   D. 异地办案所需差旅费

19. 下列案件中，律师办理法律事务不得收取任何费用的是（   ）。

A. 办理请求给付最低生活保障待遇的案件

B. 办理请求给付救济金的案件

C. 办理法律援助案件

D. 办理请求给付工伤赔偿的案件

20. 根据《法律援助条例》的规定，国家法律援助责任主要履行主体是（   ）。

A. 各级司法行政部门   B. 各级人民政府

C. 律师事务所   D. 法律服务所

21. 根据《法律援助条例》的相关规定，非指定的刑事法律援助的申请，由（   ）。

A. 审理该刑事案件的人民法院所在地的法律援助机构受理

B. 审理该刑事案件的人民法院直接受理

C. 申请人住所地的法律援助机构受理

D. 申请人住所地的基层人民法院受理

22. 根据《律师法》的规定，可以建立地方律师协会基层组织的行政区划是（   ）。

A. 省、自治区、直辖市   B. 设区的市

C. 县   D. 乡、镇

23. 下列关于目前我国司法行政机关与律师的关系表述，最为精准的是（   ）。

A. 隶属关系   B. 领导与被领导关系

C. 监督指导关系   D. 管理与被管理关系

24. 律师承办业务，委托代理关系的一方主体是委托人，另一方是（   ）。

A. 律师   B. 律师协会

C. 律师事务所   D. 司法行政机关

25. 律师担任法律顾问时，划分为常年法律顾问和临时法律顾问的依据是（　　）。

　　A. 聘请法律顾问的主体　　　　　B. 聘请法律顾问的期限

　　C. 业务范围不同　　　　　　　　D. 业务是否包含诉讼代理

26. 律师接受某公司的法律咨询，为该公司的决策提供法律依据或者提出法律建议的活动属于（　　）。

　　A. 律师参加诉讼外调解　　　　　B. 律师参加仲裁活动

　　C. 律师代书活动　　　　　　　　D. 担任法律顾问活动

27. 代理律师在向法院提起自诉以前，应当做的工作是（　　）。

　　A. 了解和调查案件事实，收集和整理足够的证据

　　B. 协助自诉人运用证据叙述案件事实

　　C. 发表对案件事实的看法

　　D. 考虑是否与被告人进行和解

28. 公诉案件附带民事诉讼的当事人及其法定代理人，有权委托诉讼代理人的期限是（　　）。

　　A. 随时

　　B. 自案件移送审查起诉之日起

　　C. 自人民检察院收到移送审查起诉的案件材料之日起 3 日以内

　　D. 自人民法院收到自诉案件之日起 3 日以内

29. 行政诉讼中律师可以（　　）。

　　A. 代表当事人在法院主持下进行调解

　　B. 代表原告起诉

　　C. 代表被告反诉

　　D. 代表原告承担举证责任

30. 律师代理原告进行行政诉讼时，继受的权利有（　　）。

　　A. 查阅本案有关材料的权利　　　B. 开展调查的权利

　　C. 收集证据的权利　　　　　　　D. 申请审判人员回避的权利

31. 我国律师从事业务活动的唯一机构是（　　）。

　　A. 律师事务所　　　　　　　　　B. 法律服务所

　　C. 司法局　　　　　　　　　　　D. 律师协会

32. 直接对律师事务所实施行政管理的机构是县级以上地方各级（　　）。

　　A. 律师协会　　　　　　　　　　B. 人大

C. 律师协会　　　　　　　　　　D. 司法行政机关

33. 有权对律师事务所收费情况进行监督检查和行业处分的是（　　　）。

A. 司法行政机关　　　　　　　　B. 价格主管部门

C. 律师协会　　　　　　　　　　D. 工商管理部门

34. 纵观世界各国通行的法律援助制度，法律援助的对象主要针对(　　　)。

A. 经济困难而难以承担必要的法律服务费用的公民

B. 身体残疾的公民

C. 少数民族的公民

D. 语言不通的外国公民

35. 律师不同于法官、检察官，并不直接代表国家利益；律师接受当事人的委托为当事人服务，但又不完全听命于当事人，而是要忠于法律。这些体现了律师行业的（　　　）。

A. 市场化特征　　　　　　　　　B. 行政化特征

C. 依附性特征　　　　　　　　　D. 独立性特征

36. 根据《律师执业行为规范（试行）》的规定，我国律师职业道德的第一原则是（　　　）。

A. 忠于宪法和法律　　　　　　　B. 保守职业秘密

C. 公平竞争，同业互助　　　　　D. 遵守协会章程，履行会员义务

37. 下列各项关于律师执业前提的说法中，正确的是（　　　）。

A. 律师在执业期间既可以以律师身份，也可以以非律师身份从事法律服务

B. 律师的执业活动必须接受律师事务所的管理、监督

C. 在受到停止执业处罚期间，律师仍然可以执业

D. 只要出于当事人的真实意思表示，当事人可以和律师、律师事务所建立委托代理关系

38. 律师在确定代理范围与进行权限划分时，要遵守的指导原则是（　　　）。

A. 禁止虚假承诺　　　　　　　　B. 服务目标的选择

C. 律师的独立　　　　　　　　　D. 律师的自立

39. 下列各项中属于利益冲突的是（　　　）。

A. 律师代理妻子进行行政诉讼，同时律师又在另一案件中代理丈夫索取工伤赔偿

B. 在离婚案件中，律师代理妻子反对丈夫，同时律师又在另一案件中代理丈夫索取工伤赔偿

C. 律师在收费问题上追求经济利益合理化，而委托人在付费问题上追求经济利益最小化

D. 律师在未征得委托人同意的情况下，同时接受有利益冲突的他方当事人委托，为其办理法律事务

40. 下列各选项中，可以作为律师事务所使用的名称是（　　）。

A. 国务院律师事务所　　　　　　B. 北京大学法学院律师事务所

C. 季羡林律师事务所　　　　　　D. 王小林律师事务所

41. 下列各项关于律师的民事责任的表述中，正确的是（　　）。

A. 律师的民事责任并不仅局限于律师或律师事务所的执业活动中

B. 律师的民事责任赔偿制度具体规定在《律师职业道德行为规范》中

C. 律师的民事责任赔偿制度具体规定在《律师法》中

D. 律师和律师事务所可以免除因执业行为给当事人造成的损失

42. 律师有下列（　　）行为的，应当由司法行政部门给予警告，情节严重的，给予停止执业的处罚。

A. 利用媒体、广告或者其他方式进行不真实或者不适当的宣传的

B. 提供虚假证据，隐瞒重要事实的

C. 采取不正当手段阻挠合伙人退伙的

D. 诱导当事人行贿的

43. 律师接受争议双方当事人中的任何一方当事人的委托，做其代理人，在他人主持下，协助被代理人和对方当事人通过自愿协商达成协议的活动属于（　　）。

A. 律师参加诉讼外调解　　　　　B. 律师参加仲裁活动

C. 律师代书活动　　　　　　　　D. 担任法律顾问活动

44. 辩护律师在辩护活动中，（　　）。

A. 是犯罪嫌疑人正当权益的维护者　B. 根据委托人的指示行使辩护权

C. 根据委托人的授权查阅案卷　　　D. 根据委托人的意见提出辩护意见

45. 对于刑事被害人有权委托诉讼代理人，我国《刑事诉讼法》明确规定的负有告知义务的机关是（　　）。

A. 人民检察院　　　　　　　　　B. 公安机关

C. 司法行政机关　　　　　　　　D. 立法机关

46. 在自诉案件中，代理律师在审判阶段的代理工作是（　　　）。

A. 撰写自诉状

B. 收集和整理足够的证据

C. 代替自诉人宣读自诉状，发表代理意见

D. 调查案件事实和收集证据

47. 民事诉讼中委托人除与律师事务所签订委托代理合同外，还应当提交授权委托书，授权委托书一式（　　　）。

A. 二份　　　　　　　　　　B. 三份

C. 四份　　　　　　　　　　D. 五份

48. 杨律师接受一起民事案件原告的委托担任代理律师。当其得知被告的代理律师欲向原告方的证人调查了解情况时，劝阻原告方的证人不要理会该律师。杨律师的这种做法（　　　）。

A. 适当，因为这是原告律师的权利

B. 适当，因为有利于保护原告的利益

C. 不适当，因为这是非法阻止和干预被告方律师正常执业活动的行为

D. 不适当，因为不利于保护证人的利益

49. 合伙人按照合伙协议要求退伙时，合伙协议没有规定通知时间的，应当提前通知的时间为（　　　）。

A. 1 个月　　　　　　　　　B. 3 个月

C. 6 个月　　　　　　　　　D. 1 年

50. 我国《律师法》所指的律师是指（　　　）。

A. 国家法律工作者

B. 社会法律工作者

C. 依法取得律师执业证书，为社会提供法律服务的执业人员

D. 已经取得律师资格的人员

51. 考核取得律师资格的最高年龄是（　　　）。

A. 50 岁　　　　　　　　　　B. 55 岁

C. 60 岁　　　　　　　　　　D. 65 岁

52. 法庭宣判后，被告人服判，在辩护律师认为判决不当的情况下，正确做法是（　　　）。

A. 辩护律师有权独立提出上诉

B. 在征得被告人同意后，辩护律师可以提出上诉

C. 在征得法庭同意后，辩护律师可以提出上诉

D. 首先征求被告人的意见，在被告人不上诉的情况下，辩护律师也可以提出上诉

53. 侦查阶段律师提出会见在押犯罪嫌疑人的，侦查机关一般情况下应当（　　）。

　　A. 在 24 小时内安排会见　　　　B. 在 48 小时内安排会见

　　C. 在 5 日内安排会见　　　　　　D. 在 1 周内安排会见

54. 对申请考核取得律师资格，应由（　　）。

　　A. 司法部审批

　　B. 律师协会审批

　　C. 住所地司法行政机关审批

　　D. 省、自治区、直辖市司法行政机关审批

55. 律师执业过程中与委托人签订委托代理合同的主体是（　　）。

　　A. 律师　　　　　　　　　　　　B. 律师协会

　　C. 律师事务所　　　　　　　　　D. 律师事务所主任

56. 张律师在看守所会见在押被告人刘某时，刘某的妻子李某请张律师将 300 元现金转交刘某，并将刘某从看守所寄出的索要 300 元现金的明信片出示给张律师，以证明该现金确实为刘某所要。对于李某的要求，张律师的正确做法是（　　）。

　　A. 现金数额不大，并且有刘某寄出的明信片为证，可以在会见的时候顺便转交

　　B. 带李某一同到看守所，让李某亲自将该现金交给刘某

　　C. 让李某本人将该现金交给看守所转交

　　D. 先将钱收下，然后经律师事务所主任签字批准，再行转交

57. 律师履行维护委托人合法权益的义务，是指（　　）。

　　A. 律师对当事人提供的帮助只能有利于当事人

　　B. 可以做出合理的有损委托人的言行

　　C. 律师应完全按委托人的意志行事

　　D. 当委托人的合法权益与社会利益发生冲突时，一律应维护委托人的利益

58. 下列情况中，律师不得拒绝辩护或者代理的是（　　）。

　　A. 委托人委托律师催讨高利贷

B. 委托人利用律师提供的服务从事走私活动

C. 委托人故意隐瞒与案件有关的重要事实

D. 委托人委托律师代理控告侦查机关对其刑讯逼供

59. 国际上通行的律师执业形式是（   ）。

A. 个人律师事务所   B. 具有法人资格的律师事务所

C. 合伙制律师事务所   D. 律师公司

60. 下列各项关于拟设立分所的律师事务所应当具备的条件中正确的是
（   ）。

A. 律师事务所成立时间满 2 年

B. 有专职律师 20 人以上

C. 在申请设立分所之日前 3 年内未受过处罚

D. 注册资金在 50 万元以上

61. 法律援助本质上（   ）。

A. 以社会责任为主，以国家责任为辅

B. 以国家责任为主，以社会责任为辅

C. 以法律责任为主，以社会责任为辅

D. 以社会责任为主，以法律责任为辅

62. 公民在下列哪种情况下，无权申请获得法律援助（   ）。

A. 请求给付赡养费而经济确实困难的

B. 请求国家赔偿的某私营企业老板

C. 请求依法发给抚恤金而没有经济收入的

D. 请求支付劳动报酬而无力支付律师费用的

63. 律师行业规范和惩戒规则的制定机构是（   ）。

A. 司法部   B. 全国人民代表大会

C. 全国人民代表大会常务委员会   D. 中华全国律师协会

64. 下列行为中没有违反律师执业行为规范的是（   ）。

A. 律师执业期间以非律师身份从事法律服务

B. 律师接受委托后，不顾事实和法律向委托人做出承诺

C. 在律师事务所停业整顿期间，继续以原所名义执业

D. 律师公开委托人授权同意披露的信息

65. 根据《律师法》和《律师和律师事务所违法行为处罚办法》的规定，
对律师违法行为实施行政处罚的种类不包括（   ）。

A. 警告　　　　　　　　　　B. 没收违法所得

C. 停止执业　　　　　　　　D. 追究刑事责任

66. 违反律师执业规范，情节严重，给委托人或律师事务所造成一定损失的，应当给予的处分是（　　　）。

A. 训诫　　　　　　　　　　B. 通报批评

C. 公开谴责　　　　　　　　D. 取消会员资格

67. 徐律师代理一起民事诉讼案件，因代理权限与委托人发生争议而解除了代理关系。双方同时约定：律师事务所退还收取的代理费，但是委托人不能以任何形式投诉该律师事务所。下列表述正确的有（　　　）。

A. 委托人可以继续投诉

B. 委托人如向律师协会投诉，律师协会应以双方事先协议驳回委托人的投诉

C. 双方的事先约定是双方的真实意思表示，具有法律效力

D. 委托人如果投诉，律师事务所有权收回代理费

68. 律师接受某一民事案件当事人的委托，为其担任代理人。被授权的权限为"一般代理"，据此，该律师在诉讼中具有的权利是（　　　）。

A. 反诉　　　　　　　　　　B. 撤诉

C. 与对方当事人和解　　　　D. 申请财产保全

69. 律师事务所指派律师担任法律顾问的前提条件是（　　　）。

A. 司法行政部门的授权

B. 律师协会的安排

C. 相关自然人、法人或其他组织的聘请

D. 律师个人的请求

70. 下列各项中不属于律师资信调查内容的是（　　　）。

A. 被调查对象的民事主体资格　　B. 被调查对象的经济状况

C. 被调查对象的商业秘密　　　　D. 被调查对象的商业信誉

71. 下列各项中不属于律师代理非诉讼法律事务的范围的是（　　　）。

A. 律师代理仲裁　　　　　　　　B. 律师代理参与诉讼外调解

C. 律师代理宣告公民失踪　　　　D. 律师代理见证

72. 律师的书状首要符合以下哪项要求（　　　）。

A. 遵守法律　　　　　　　　B. 遵循格式

C. 维护正义　　　　　　　　D. 维护合法权益

73. 律师代书，是《律师法》规定的一项（　　　）。

A. 律师义务　　　　　　　　　　B. 律师职责

C. 律师权利　　　　　　　　　　D. 律师业务活动

74. 依法不能担任犯罪嫌疑人、被告人的辩护人的是（　　　）。

A. 专门从事房地产业务的律师

B. 犯罪嫌疑人、被告人所在单位推荐的非律师人员

C. 与本案审理结果有利害关系的人

D. 犯罪嫌疑人、被告人的子女或兄妹

二、多选题

1. 下列人员中不得兼任执业律师的是（　　　）。

A. 国家机关的现职工作人员　　　B. 各级人大常委会组成人员

C. 司法人员退休未满 2 年的　　　D. 从事法律研究的教授

E. 国有企业董事长

2. 普通律师事务所的设立条件有（　　　）。

A. 有自己的名称和章程　　　　　B. 有持有律师执业证书的律师

C. 有法定的注册资产　　　　　　D. 有 3 名以上合伙人作为设立人

E. 有自己固定的住所

3. 申请设立合伙律师事务所，应当提交的材料主要有（　　　）。

A. 申请书

B. 律师事务所的名称、章程

C. 律师的名单、简历、身份证明、执业证书

D. 住所证明和资产证明

E. 合伙协议

4. 律师代理权限终结的情况有（　　　）。

A. 委托人因故解除委托　　　　　B. 律师因故辞去代理

C. 律师因工出差的　　　　　　　D. 原告死亡，继承人放弃诉讼权利

E. 离婚案件一方当事人死亡

5. 律师在侦查阶段的权利有（　　　）。

A. 对受害人进行询问　　　　　　B. 会见犯罪嫌疑人

C. 与犯罪嫌疑人通信　　　　　　D. 告诉嫌疑人有权核对讯问笔录

E. 与侦查人员进行辩论

6. 律师在代理民事案件时，可以（　　）。

A. 申请诉前证据保全　　　　　　B. 向办案法官请客送礼

C. 未经当事人同意与对方和解　　D. 申请法院调查证据

E. 自行向对方当事人收集证据

7. 根据我国法律规定，有权委托辩护律师的有（　　）。

A. 被害人　　　　　　　　　　　B. 犯罪嫌疑人

C. 被告人　　　　　　　　　　　D. 自诉人

E. 被告人的近亲属

8. 律师在刑事诉讼中阅卷的范围有（　　）。

A. 证人名单　　　　　　　　　　B. 鉴定结论

C. 犯罪嫌疑人供述　　　　　　　D. 受害人陈述

E. 检察委员会讨论笔录

9. 在行政诉讼案件中，律师担任被告行政机关代理人时，可以进行的诉讼行为有（　　）。

A. 自行向原告收集证据　　　　　B. 撰写答辩状

C. 出庭辩论　　　　　　　　　　D. 作为诉讼代理人与原告和解

E. 积极举证

10. 当事人认为其委托的代理律师损害其利益时，可以向之投诉的机构是（　　）。

A. 人民法院　　　　　　　　　　B. 人民检察院

C. 司法行政机关　　　　　　　　D. 律师协会

E. 公安机关

11. 法律援助的法律、法规，目前我国法律援助的形式主要有（　　）。

A. 民事案件的代理　　　　　　　B 刑事案件的代理

C. 刑事辩护　　　　　　　　　　D. 行政案件的代理

E. 法律咨询

12. 律师民事责任具有以下（　　）特征。

A. 承担民事责任的主体限于律师

B. 律师在主观上有过错

C. 律师给当事人造成了实际损失

D. 律师的主观过错与当事人实际损失之间具有因果关系

E. 律师、律师事务所必须在委托合同中订立了免除民事责任的条款

13. 律师同时在两个律师事务所执业，按照相关规定，律师可能受到的处罚是（   ）。

A. 警告

B. 有违法所得的，没收违法所得

C. 情节严重的，停止执业

D. 吊销执业证书

E. 停业整顿

14. 下列各项中，属于刑事代理的是（   ）。

A. 公诉案件的刑事代理

B. 自诉案件的刑事代理

C. 附带民事诉讼案件的刑事代理

D. 侦查程序的刑事代理

E. 立案程序的刑事代理

15. 自诉案件中，代理律师在审判阶段的代理工作是（   ）。

A. 代替自诉人宣读自诉状，发表代理意见

B. 调查案件事实和收集证据

C. 如果被告人在诉讼过程中提起反诉，代理律师应当做好为其辩护的准备工作

D. 考虑是否与被告人进行和解

E. 考虑是否接受法庭的调解

16. 根据《法律援助条例》的规定，有关机关在制定向法律援助人员支付办案补贴的标准时，需要参照的因素有（   ）。

A. 当地经济发展水平

B. 办理各类法律援助案件的平均成本

C. 法律援助人员平时的收费标准

D. 法律援助人员的平均收入

E. 被援助人的经济收入

17. 律师职业道德和执业行为规范适用于（   ）。

A. 公司律师

B. 公职律师

C. 实习律师

D. 律师助理

E. 兼职律师

18. 有关律师同行之间的行为规范的表述中，正确的是（   ）。

A. 律师事务所不得采取不正当手段，阻挠合伙人或律师退所

B. 律师事务所不得利用与司法机关、行政机关或者其他具有社会管理职

能组织的关系，进行不正当竞争

C. 律师事务所不得捏造、散布虚假事实，损害、诋毁其他律师事务所的声誉

D. 律师事务所有权利对另一家律师事务所的业务及职业道德方面给予指导和监督

E. 律师事务所不得捏造、散布虚假事实，损害、诋毁其他律师声誉

19. 下列各项关于律师刑事责任的表述中，正确的是（　　）。

A. 律师的刑事责任主要发生在律师的执业环节中

B. 律师在执业活动中过失泄露国家秘密的，构成泄露国家秘密罪

C. 律师在执业活动中不得向法官、检察官行贿，但可以指导当事人向上述人员行贿

D. 律师在执业中故意泄露当事人秘密的，构成我国《刑法》第 398 条规定的故意泄露他人秘密罪

E. 律师因故意或过失犯罪受到刑事处罚的，应当吊销律师执业证书

20. 律师在侦查阶段的职责包括（　　）。

A. 为犯罪嫌疑人提供法律咨询

B. 代理申诉

C. 代理控告

D. 为被逮捕的人申请取保候审

E. 调查、收集证据

21. 附带民事诉讼提起前，原告人的代理律师应当做的工作是（　　）。

A. 对案件事实应当全面了解，需要时可以进行必要的调查

B. 向被告人发问

C. 明确被告人的刑事责任

D. 明确被告人的民事责任

E. 撰写附带民事诉讼状

22. 民事诉讼代理的特征包括（　　）。

A. 律师代理关系产生于民事诉讼当事人的委托

B. 律师代理关系产生于法律援助机构的指定

C. 以律师身份代理民事诉讼必须具备执业资格

D. 当事人与代理律师之间没有直接的委托关系

E. 律师的民事诉讼代理以民事诉讼的进行为前提

23. 律师代理民事诉讼享有的特别授权是（ ）。

A. 代为和解 　　　　　　　　B. 变更诉讼请求

C. 申请回避 　　　　　　　　D. 询问证人

E. 代为提起反诉

24. 申请领取律师执业证书应当具备的条件是（ ）。

A. 具有律师资格 　　　　　　B. 在律师事务所实习满 1 年

C. 有完全民事行为能力 　　　D. 品行良好

E. 拥护中华人民共和国宪法

25. 在人民检察院对犯罪嫌疑人审查起诉时，犯罪嫌疑人聘请的律师可以查阅、摘抄、复制的有关本案的材料包括（ ）。

A. 立案决定书 　　　　　　　B. 起诉意见书

C. 法医鉴定 　　　　　　　　D. 证人证言

E. 逮捕证

26. 律师事务所必须具备的条件包括（ ）。

A. 有自己的名称、住所和章程 　B. 有 10 万元以上人民币的资产

C. 有 10 万元以上人民币的注册资本 D. 有 3 名以上符合法律规定的律师

E. 有 5 名以上律师

27. 根据《行政诉讼法》的规定以及行政诉讼本身的特点，律师担任行政诉讼被告的代理人没有（ ）。

A. 起诉权 　　　　　　　　　B. 反诉权

C. 收集证据权 　　　　　　　D. 和解权

E. 变更诉讼请求权

28. 下列关于律师主持调解的正确的说法有（ ）。

A. 主持调解必须以双方或多方当事人的共同委托为前提

B. 主持调解要在明确双方纠纷责任的基础上进行

C. 主持调解所达成的协议，具有强制执行效力

D. 调解不成的，可以代理一方当事人对对方当事人提起诉讼

E. 主持调解，是以中间人身份进行的

29. 根据我国《律师法》的规定，律师的执业原则主要有（ ）。

A. 遵守宪法和法律 　　　　　B. 恪守律师职业道德和执业纪律

C. 以事实为根据，以法律为准绳 D. 接受国家、社会和当事人的监督

E. 律师依法执业受法律保护

30. 在律师之间禁止进行不正当竞争的方式包括（　　）。

A. 贬损其他律师　　　　　　　B. 诋毁其他律师事务所

C. 给介绍人财、物　　　　　　D. 向委托人作出保证胜诉的承诺

E. 利用与行政机关的关系进行业务垄断

31. 对于没有取得律师执业证书，为牟取经济利益从事诉讼代理或者辩护业务的人员，司法行政机关可以采取的处罚措施包括（　　）。

A. 警告　　　　　　　　　　　B. 责令停止非法执业

C. 没收违法所得　　　　　　　D. 罚款

E. 15 日以下拘留

32. 下列各项中，关于律师的义务表述正确的是（　　）。

A. 是确保律师依法履行职务的根本保障

B. 是实现法律职业者使命的根本保障

C. 是律师在提供法律服务时应当作出一定行为的限制性或者禁止性规定

D. 是律师在提供法律服务时不应作出一定行为的限制性或禁止性规定

E. 是律师承担法律责任的依据

33. 下列关于律师协会性质的说法中正确的是（　　）。

A. 是社会团体法人　　　　　　B. 是律师的自律性组织

C. 是律师进行自我管理的行业组织　D. 是律师的培训机关

E. 是营利性的组织

34. 律师在执业过程中可以使用的业务推广方法有（　　）。

A. 发表学术论文

B. 以自己或律师事务所的名义参加社会公益活动

C. 承诺可以明显低于同行业的收费水平收费

D. 表示与司法机关等关联机关有特殊关系

E. 参加专业研讨会

35. 在开庭审理过程中，律师在维护裁判正当性与正派性方面应遵守的规范是（　　）。

A. 尊重法庭　　　　　　　　　B. 服从审判长主持

C. 不能当庭评论审判人员的言论　D. 不能提出与审判长不一致的观点

E. 可以单方与法官见面以交换不同意见

36. 律师民事责任的特征是（　　）。

A. 承担民事责任的主体是律师和律师事务所

B. 律师在主观上有过错

C. 律师给当事人造成了实际损失

D. 律师主观上的过错与当事人实际损失之间具有因果关系

E. 律师主观上的过错与当事人实际损失之间没有因果关系

37. 某律师在执业活动中出卖委托人的商业秘密，给当事人造成了一定损失，该律师可能受到的行政处罚包括（   ）。

A. 警告   B. 停止执业 2 年

C. 吊销执业证书   D. 如果有违法所得，没收违法所得

E. 责令改正

38. 在审查起诉阶段，辩护律师享有的权利包括（   ）。

A. 与犯罪嫌疑人会见和通信   B. 查阅、摘抄、复制案件有关材料

C. 调查、收集证据   D. 提出辩护意见

E. 代理申诉

39. 律师对于当事人的义务有（   ）。

A. 保守私密

B. 遵守合同

C. 不得私自接受委托，收取费用

D. 不得在同一案件中为双方当事人担任代理人

E. 遵守法律

40. 律师职业道德的功能有（   ）。

A. 加强律师自律   B. 解决冲突

C. 依法执业   D. 遵守合同约定

E. 维护律师合法权益

41. 在行政责任承担方式上，律师事务所有违法执业的，给予下列处罚（   ）。

A. 警告   B. 责令改正

C. 没收违法所得，可并处罚款 D. 停业整顿

E. 吊销执业证书

42. 在民事诉讼代理中，律师在开庭前的准备工作有（   ）。

A. 订立委托合同   B. 代理起诉

C. 代理应诉   D. 调查取证和查阅案卷

E. 撰写代理词

43. 律师办理非诉讼法律事务的工作方式有（　　）。

A. 代理当事人签订合同　　　　　B. 代理当事人参加仲裁

C. 出具法律意见书　　　　　　　D. 进行见证

E. 为股票上市提供法律服务

44. 人民法院以下做法正确的有（　　）。

A. 将辩护律师向人民法院正式提出的书面证据和辩护词入卷

B. 判决书上面写辩护律师的姓名和其所在的律师事务所名称

C. 为辩护律师阅卷提供方便

D. 以传票通知辩护律师出庭

E. 在庭审中询问辩护律师的姓名、年龄、籍贯、住址和职业

45. 律师执业的一般原则有（　　）。

A. 以事实为根据，以法律为准绳的原则

B. 维护委托人合法权益的原则

C. 保密原则

D. 律师依法执业受法律保护原则

E. 主权原则

三、简答题

1. 简述我国律师的任务。

2. 简述实行律师协会行业管理的必要性。

3. 简述《律师法》规定的司法行政机关的律师管理权限。

4. 简述申请设立律师事务所的法定程序。

5. 简述申请律师执业证书的条件。

6. 根据律师法的规定，律师可以从事哪些业务？

7. 律师协会的职责主要有哪些？

8. 律师在刑事公诉案件中的代理工作有哪些？

9. 简述我国目前法律援助的范围。

10. 简述律师担任法律顾问的特点。

四、论述题

1. 试述设立律师事务所的基本条件。

2. 论律师担任刑事辩护人依法享有的诉讼权利。

3. 论律师的性质。

4. 论律师的工作权利。

5. 论律师人身权利的保障。

6. 试述律师执业行为中的利益冲突的类型和情况。

7. 论律师执业的基本原则。

8. 论执业律师在与委托人、对方当事人的关系方面应遵守的执业纪律。

9. 论执业律师在诉讼、仲裁活动中应遵守的执业纪律。

10. 论执业律师在民事诉讼中的权利与义务。

必读法律、法规

1. 《中华人民共和国律师法》
2. 《国家司法考试实施办法》
3. 《律师执业管理办法》
4. 《律师执业证管理办法》
5. 《律师事务所管理办法》
6. 《律师事务所内部管理规则（试行）》
7. 《律师事务所收费程序规则》
8. 《律师职业道德和执业纪律规范》
9. 《律师执业行为规范（试行）》
10. 《律师和律师事务所违法行为处罚办法》
11. 《律师协会会员违规行为处分规则（试行）》
12. 《关于规范法官和律师相互关系维护司法公正的若干规定》
13. 《法律援助条例》
14. 《中华人民共和国刑事诉讼法》
15. 《中华人民共和国民事诉讼法》
16. 《中华人民共和国行政诉讼法》

参考书目

1. 徐家力、吴运浩编著：《中国律师制度史》，中国政法大学出版社 2000 年版。

2. 谢佑平主编：《公证与律师制度》，中国政法大学出版社 1999 年版。

3. 王俊民主编：《律师与公证制度教程》，北京大学出版社 2009 年版。

4. 王进喜主编：《律师与公证制度》，中国人民大学出版社 2009 年版。

5. 谢伟编著：《公证与律师事务案例》，山西教育出版社 2010 年版。

6. 刘金华、俞兆平：《律师与公证制度》，厦门大学出版社 2007 年版。

7. 徐新跃主编：《律师与公证制度》，法律出版社 2002 年版。

8. 章武生：《中国律师制度研究》，中国法制出版社 1999 年版。

9. 张善燚：《中国律师制度专题研究》，湖南人民出版社 2007 年版。

10. 王国良、黄瑞、肖萍：《中外律师制度比较研究》，江西人民出版社 2003 年版。

11. 徐国忠编著：《中国律师制度与实务》，同济大学出版社 2006 年版。

12. 顾永忠主编：《中国律师制度与实务》，北京师范大学出版社 2010 年版。

13. 谭世贵主编：《律师法学》，法律出版社 2008 年版。

14. 陈卫东主编：《中国律师学》，中国人民大学出版社 2008 年版。